당당하게 취업할 권리

MISSION IMPOSSIBLE

희망과 자존심을 지키는 대기업 취업 가이드

당당하게 취업할 권리

김동연 지음

W미디어

월급쟁이와 기업가 정신

월급쟁이는 회사가 시키는 일을 하고 그 대가로 돈을 받는 사람이다. 말단 직원이든, 고용 사장이든 지위가 다르고 일의 복잡성에 차이가 있을지언정 본질적으로 '시켜진 일을 하는 사람'이다.

월급쟁이의 반대편에 있는 개념이 '기업가'이다. 이들은 무엇으로 돈을 벌고, 어떻게 실현할 것인지를 스스로 결정하는 사람들이다. 스스로 결정하기에 리스크도 많이 짊어져야 한다. 하지만 성공하면 그만큼 큰 보상을 누릴 수도 있다. 그리고 이들은 성공하기 위해 다른 사람들을 '고용하는' 사람이다. 즉, 월급쟁이에게 일을 시키는 사람이라는 뜻이다.

월급쟁이와 기업가 사이에는 요구되는 능력이나 태도가 다르다. 월급쟁이는 고분고분하고, 성실하고, 책임감 있고, 정직하기를 요구받는 반면 기업가는 선견지명이 있고, 적극적으로 추진하며, 어려움을 돌파할 수 있는 투쟁심이 요구되어 왔다.

그러다 어느 순간, 정확히는 우리나라에 IMF 사태가 일어났던 1997년부터 이 간명했던 구분이 심하게 흔들리면서 월급쟁이들에게 큰 시련이 닥치기 시작했다.

이때부터 시키는 일을 성실하게 하는 것으로 충분한 업무를 가진 월급쟁이는 외주, 파견직, 계약직, 아웃소싱, 하청업체 같은 말을 들으면서 사회적 지위와 소득 순위에서 급격하게 밀려났다. 하루 12시간을 넘게 성실하게 일해도 노후는커녕 당장 적자 인생을 면하기도 어려운 삶이 보편화된 것이다.

이들과 달리 일부 월급쟁이들은 기존의 성실, 책임, 정직은 기본이고 자신이 마치 기업가인 것처럼 적극적으로 문제를 해결하고, 실적을 구현하며, 심지어는 새로운 사업 기회를 만들어내도록 요구받게 되었다. 원래 기업가들이 했어야 하는 고민을 월급쟁이들도 해야 하게 된 셈이다. 이들이 이 요구를 받아들이지 못하면 명예퇴직이나 구조 조정, 혹은 인력 합리화 등으로 도태되었기 때문에 생존하기 위해 비록 월급쟁이지만 기업가만큼 치열하게 살아야 했다.

월급쟁이가 생존을 위해 자신의 대척점에 있던 기업가들의 사고방식, 즉 '기업가 정신'을 강요받는 이 상황이 현재 우리나라의 대기업 직장인의 삶이다.

그리고 이 변화가 월급쟁이로 살기 위한 준비만을 해온 취업 준비생을 대기업이 더 이상 뽑지 않는 이유이다.

우리나라에서 월급쟁이의 삶을 선택한 이상 옵션은 3가지다. 첫째는 계약서의 갑 아래, 즉 '을·병·정'으로 대변되는, 시키는 일을 하지만 소득과 근로조건이 힘겨운 삶이다. 둘째는 근로조건이 좋은 곳에서 역시 시키는 일을 열심히 하지만 중간에 도태되는 삶, 그리고 셋째는 월급쟁이의 기준을 넘어 마치 자신이 그 회사의 주인인 것처럼 기업가 정신을 가지고 죽도록 노력하는 삶이 그것이다. 이들 중 오랜 시간 생존이 가능하고, 경제적으로 비교적 윤택한 노후를 가질 수 있는 삶은 당연히 세 번째뿐이다. 이 삶을 위해서는 일 중독자처럼 치열하게 살아야 한다.

그런데 우리나라 대기업의 특성상 월급쟁이가 아무리 열심히 일해도 진정한 기업가는 절대로 될 수 없다. 기업의 주인은 총수라는 이름의, 정해진 가문에서 대를 이어가기 때문이다. 또한 이 정도 고민을 할 수 있는 경영진의 직급까지 승진하는 것 자체가 엄청난 도전이기도 하다. 월급쟁이 100명 중 한 명도 하기 힘든 게 경영진이기 때문이다.

우리나라를 지배하고 있는 사고방식은 북구식의 '더불어 삶'이 아니라 미국식의 '승자독식', 치열한 경쟁의 삶이다. 하지만 미국은 거대한 경제 규모로 인해 한 곳에서 도태되더라도 다른 도전을 해볼 수도 있고, 실패하더라도 아이디어와 태도가 좋았다면 다시 재기해볼 수 있는 기회가 주어진다. 그리고 한 가문이 모든 것을 통제하는 재벌식 경제가 아니기 때문에 월급쟁이가 스스로 기업가 정신을 가지고 노력할 경우 우리나라 대기업 총수만큼의 성취와 만족감을 누려볼 수도 있다.

하지만 우리는 이렇지 않다. 이 답답한 구조를 탈피하는 궁극적 방법은 정치적인 해결이겠지만 이 책은 정치에 대한 책이 아니고, 필자 역시 정치는 잘 모른다. 이 책은 답답하지만 결국 사회의 시스템에 따라갈 수밖에 없는 평범한 취업 준비생을 위한 책이다. 대기업에 취업하면 인생이 바뀔 것처럼 꿈꾸지만 대기업 직장인 역시 평범한 월급쟁이일 뿐이며, 살아남기 위해서는 매일 매일의 실적에 시달리면서도 새로운 기회를 만들어야 하는, 마치 기업가인 듯 고민하고 치열하게 살아야 한다는 이야기를 하려는 책이다. 그리고 그 정도의 각오를 갖고 있을 때 어떻게 하면 그 대열에, 즉 성실하게 살면서도 노후조차 보장되지 않는 '을·병·정'의 삶보다는 그나마 조금 나은 기회를 잡을 수 있는지에 대해 이야기하려는 책이다.

우울하고 힘이 빠지겠지만 대한민국에서 서민의 삶은 어려운 길이다. 부모로부터 큰 혜택을 기대할 수 없는 보통의 서민들에게 인생은 먼 미래를 보는 눈과 단단하게 현실을 딛고 선 다리를 동시에 갖지 않는 한 결단코 쉽게 넘어갈 수 없는 숨 막히는 고갯길이다. 부디 이 책이 잠깐이나마 그 험한 길을 시작하는 이들에게 어깨의 짐을 나눌 수 있는 작은 지팡이라도 되길 희망한다.

당당하게 취업할 권리
Contents

대학 점퍼와 취업

1990년대 초반에 대학을 다닌 필자에게 있어 요즘 대학생들이 학교 이름이 큼지막하게 찍혀 있는 점퍼를 입고 있는 모습은 상당히 낯설다. 민주화 운동이 한창이던 시절, 대학생이라는 사실은 사회를 바꾸려는 사람들이라는 자부심도 주었지만 그만큼 부담스러운 지위이기도 했다. 또 학교가 유명한 경우에는 괜히 자랑하고 다니기가 민망하다는 느낌도 많았었다.

그러나 그 때는 학생운동에 몰입하던 학생도 졸업만 하면 남부럽지 않은 직장에 취업해 안정적인 삶을 누려볼 수 있었다. 별다른 준비를 하지 않아도 대졸이라는 이유로 대기업 합격 통지서를 한두 개씩은 그냥 가지고 졸업하던 시기였으니까. 이는 두 자릿수에 육박하는 GDP 성장률과 낮은 대학 진학률이 가져다 준 특혜였다.

학교 이름을 드러낸 점퍼를 입지 않았던 건 어차피 졸업하면 난 충분히 잘 살 수 있으니 학생 때라도 겸손하게 지내자는 무의식이 작용한 측면도 있었을 것이다.

지금은 대학 4년 내내 죽어라고 스펙을 쌓아도 취업하기 어려운 시기가 되었다. 삶과 사회에 대한 고민, 열정과 낭만 등은 모두 서랍 속에 넣어두고, 토익과 입사시험에 고등학생처럼 매달려도 대기업은커녕 이름이 조금 알려진 중견기업도 들어가기 어려운 것이 현실이다.

1990년대까지 그저 그런 전자제품 OEM 메이커였던 삼성전자는 1:100의 신입사원 경쟁률을 기록하고, 뭐하는 회사인지조차 제대로 알려지지 않았던 한국이동통신은 국내 최고 연봉의 SK텔레콤이 되어 서울대생 중에서도 골라 뽑는다는 말이 나오는 세상이 되었다.

선배들에겐 허접했던 회사를 들어가기 위해 노심초사해야 하는 현재의 대학생들에게 대학 점퍼는 자신들의 신분이 되었다. 어차피 졸업해도 남들이 알아주는 회사에 취업하기 어려우니 학생 때라도 자신이 가진 '신분 증명'인 학교 이름을 드러내자고 하는 것이다.

이 변화의 구조적 이유는 자명하다. 지금의 우리나라 경제 구조나 환경은 더 이상 많은 일자리를 만들지 못한다. 특히 80%에 육박하는 대학 진학률에 따라 쏟아져 나오는 대졸자들의 눈높이에 맞는 '좋은 일자리'가 늘어날 확률은 아예 없다.

세계 최고가 수준의 건물 임대료 부담에 시달리는 서비스업은 수요를 만들어낼 만큼 가격을 낮춰 매출을 늘리지 못하고, 때문에 일자리를 만들어내지 못한다. 제조업은 대기업 집중 심화와 구조 고도화에 따라 인력 수요가 갈수록 줄어들고 있으며, 수출 기업들은 해외로 생산 공장을 이전했거나 중국에 밀려 경쟁력을 잃어가고 있다. 또 인구 고령화와 높은 가계 부채는 내수 부진을 재촉해 경제 전체의 활력이 떨어지고 있다. 이 상황에서 젊은 사람들이 적절한 소득과 안정된 미래가 보장되는 직업을 찾는다는 것은 어느덧 미션 임파서블이 되어버린 것이다.

구조적인 문제에 부딪혔을 때 대부분의 사람들은 그걸 집단적으로 노력해 근본 원인을 해결하기보다는 그저 개개인의 준비를 통해 피해가려고 한다. '스펙'이 이런 행태의 전형이다. 모두가 스펙에 매달리기 때문에 스펙의 차별성은 없어지는 반면 준비하는 사람들은 더더욱 그 자체에 매달리게 된다.

좀 더 거시적인 안목에서 우리나라 취업 현황을 살펴보자. 현재의 경제 구조상 우리나라 대학 졸업반의 70%는 급여 생활자가 된다. 그리고 급여 생활자의 6%만이 소위 대기업이라고 불릴 만한 30대 그룹 계열사에 취업할 수 있다(이 수치는 고졸 생산직까지 모두 포함한 것이다. 1,800만 봉급 생활자 중 30대 그룹 소속 인원이 약 100만 명이다). 이는 대졸자로 한정하면 현재 대학생 중에서는 고작 4% 정도만이 대기업에 취업할 수 있다는 뜻이다(이를 다시 사무직으로 좁히면 대기업 취업률은 1.5% 미만으로 떨어진다. 한 학년이 3천 명 가량인 대형 종합대학에서 대기업 사무직으로 취업할 수 있는 사람은 50명 내외라는 뜻이다. 물론 은행과 공무원/공기업, 각종 전문직, 유명 벤처 등 소위 말하는 '좋은 직장'이 꼭 30대 그룹에 한정되는 것은 아니고, 취업 대신 진학 등을 하는 사람도 많으며, 학교마다 편차가 매우 클 것이기 때문에 실제로 체감할 수 있는 수치는 아니다. 아마도 지방 국립대 정도가 딱 이 숫자일 것이다).

이는 다시 말해 대학생들이 스펙에 몰입하건 말건, 현재 우리나라의 구조상 대기업에 취업할 수 있는 사람은 20명 중 한 명이며, 나머지 학생들은 인생에 거의 도움이 안 될 SSAT나 토익 점수같은, 전혀 차별성 없는 능력을 갖기 위해 4년 이상을 허송세월한다는 것이다. 4년 이상을 투자하다 보니, 그 공부가 실제 나의 가치를 높여주는가에 대해 의문을 제기하기보다는 그저 '내가 더 오래 공부했는데…', '내가 5점 높은데…', 혹은 '내 대학교가 저 아이 학교보다는 좋은데…'라는 허망하기 이를 데 없는 빈약한 근거로 자신을 다독인다. 그리고는 취업에 반복해 실패하고 더 이상 물러설 곳이 없다고 느껴질 때까지 그저 좀 더 높은 스펙에 매달린다.

이런 어처구니없는 경쟁 속에서는 대기업 취업에 성공한 소수건, 실패한 다수건 행복한 삶은 그저 동화 속에 나오는 이야기가 된다. 대학 점퍼는 이에 대한 위로인 셈이다.

시간이 지나가면 지금의 대학생들도 졸업을 하고, 사회에 나와 경제활동을 해야 한다. 대기업에 취업을 하건, 편의점 알바를 하건, 동대문에서 장사를 하건 주위 사람들과 협력하고 때론 경쟁하면서 '진짜 실력으로 겨루는 진짜 삶'을 살아야 하는 것이다.

여러분이 잘 깨닫고 있는 것처럼 수능 성적과 만족스러운 대학생활 사이에는 아무런 상관이 없다. 또 대학 입학이 끝난 후 수능 점수를 다시 들여다볼 일조차도 없다. 마찬가지로 첫 취업에 필요한 여러 점수들(스펙)은 일단 취업하고 나면 들여다볼 일도 없고, 그 점수가 높다고 한들 사회생활의 많은 문제들을 푸는데 아무런 도움이 안 된다. 흔히 일류대생일수록 사회생활 적응력은 떨어진다고 하는 것도 그들이 실력이 아닌 '점수'만 가지고 삶을 시작했기 때문이다.

행복한 삶을 위한 스펙은 없을까?

이 책은 기본적으로는 취업을 준비하는 대학 3~4학년을 대상으로 쓰여진 취업 준비서이다. 그렇지만 스펙 점수 올리는 요령이나 취업 비법이라는 이름의 여러 방법을 알려주는 내용은 아니다. 그보다는 좀 더 본질적인 부분, 즉 점수가 아닌 실력에 대해 이야기하려고 한다. 흔히 듣지만 지나치기 쉬운 것들에 대한 이야기이다.

가령 회사, 특히 우리나라에만 독특하게 존재하는 대기업의 조직문화는 어떠한지, 그곳에서 일한다는 것은 실제 나의 생활에서 어떤 의미를 갖는지, 어떤 요소를 가지고 경쟁하고, 어떻게 해야 적응할 수 있는지, 또 그곳에서 일을 잘한다는 것은 무슨 뜻이고, 성공하려면 어떤 준비를 해야 하는지 같은 이야기들이다.

취업 준비서라고 하면서 정작 말하는 내용은 자기 개발서 같이 들릴지도 모르겠다. 그렇지만 필자가 회사생활을 15년간 하면서 느낀 점은 높은 점수와 그럴싸한 학벌을 갖춘 사람보다 회사와 조직, 그리고 업무라는 것에 대해 미리 이해하고 온 사람이 취업 때 이력서도 깔끔하고, 자기소개서도 더 잘 쓰며, 면접 때도 뽑고 싶다는 생각을

갖게 만든다. 그리고 이런 사람이 사회생활을 하면서 자기 조절도 잘

하고, 적응력도 뛰어나며, 타인의 입장도 고려할 줄 안다는 점이다.

첫 취업은 중요하다. 하지만 취업 이후의 삶의 태도와 내가 가진

본질적인 실력이 커리어라는 먼 길을 갈 땐 훨씬 중요하고, 성숙하고

사려 깊은 사람은 힘든 속에서도 만족과 행복을 찾을 수 있다.

연애는 외모로 시작하는 게 아니다

사춘기 때 학교에서 얼짱으로 꼽히는 1~2명을 제외한 보통사람은

외모에 아무리 시간을 투자해도 이성이 주변에 오지 않는다. 나를 가

꿔서 눈에 띄게 만들겠다면 외모보다는 차라리 특별한 능력 하나에

집중하는 게 좀 더 효과가 높다. 가령 운동, 악기 연주, 춤, 교과 성적

혹은 기가 막힌 언변과 유머 감각 같은 것 말이다. 이들 가운데 하나

라도 남들보다 월등하게 잘하면 인기와 관심을 받을 수 있다.

하지만 이것들 역시 소수에게만 허락된 능력이며, 쉽게 얻어지지

도 않는다. 그래서 보통의 서민들이 연애하는 방법은 나를 개발하는

것보다도 상대방에 대해 집중하는 것으로 시작해야 한다. 다시 말해

상대방에 대해 관심과 애정을 갖는 것이다. 무엇을 좋아하고, 어떻게

생활하고, 어떤 때 웃고, 언제 힘들어하는지, 미래의 꿈은 뭔지 등등

그 사람의 생활과 삶에 대해 잘 알게 될수록 내가 노력했을 때 그 사

람을 기쁘게 하고, 나를 좋아하게 해줄 상황을 만들 수 있게 되는 것

이고, 그렇게 해서 연애를 시작하게 되는 것이다.

취업하는 건 연애와 대단히 흡사하다. 학벌과 능력이 좋거나 한 두 분야에서 특출한 역량을 가진 지원자는 어차피 좋은 데 간다. 이 럴 수 없는 대다수의 지원자들은 이들과 다른 전략을 취해야 하지만 자기들도 이 소수의 사람들처럼 될 수 있을 것이라 생각하고 똑 같은 전략, 즉 '스펙 쌓기'로만 접근해 번번이 실패한다. 특출한 역량이 없 는 보통의 지원자는 연애에서처럼 대상에 대해 차분히 연구하는 게 우선이다.

기업이라는 연애 대상을 이해하는 과정은 두 영역으로 나뉜다. 하나는 기업에서 '월급쟁이로서 생활한다'의 정확한 의미를 이해하고, 이에 맞춰 사는 방식을 배우는 것이다. 즉 기업이라는 조직에 대해 배우는 것이다. 이를 잘 이해하면 할수록 자기소개서를 '자기소설'이 아닌, 진솔한 느낌의 진짜 '자기소개서'로 쓸 수 있고, 면접에 가서 황당한 이야기를 해서 탈락하는 위험도를 낮출 수 있다(뒤에서 더 자세히 언급하겠지만 사회생활 경험을 해볼 수 있는 인턴 등의 경력을 많은 회사가 요구하는 이유가 바로 이것이다).

그리고 두 번째는 관심 있는 산업이나 회사에 대해 전문적으로 연구해보는 '회사 연구 및 산업 지형 분석Company research & Industry landscaping'이 있다. 이 연구는 자기소개서보다는 면접 때 힘을 발휘하는데, 서류 통과도 잘 안 되다보니 취업 준비생들이 서류 전형 준비에만 몰두해 상대적으로 제대로 준비를 못하는 과정이기도 하다. 이제 순차적으로 살펴보면서 빼어나지 못한 외모를 가진 평범한 서민들도 연애를 시작할 수 있다는 자신감을 가져보자.

✎ 취업 10계명 ✎

1. 취업 준비의 시작은 '뭘 하고 싶은가'에 대한 대답을 하는 것이다.
2. 스펙은 최고득점자를 뽑는 시험이 아니다. 커트라인만 신경 써라.
3. 최강의 스펙은 가고 싶은 회사에 대한 관심과 의지다.
4. 자기소개서와 면접 준비는 연애다.
5. 조직은 최고가 아닌 최적을 원한다.
6. 인턴보다 더 좋은 취업 준비는 없다.
7. 취업과 커리어는 자기 주도성과 커뮤니케이션 능력이라는 두 바퀴로 굴러간다.
8. 약점은 어쩔 수 없다. 장점만 팔아라.
9. 스토리텔링의 핵심은 듣는 사람 입장에서 말하는 것이다.
10. 대기업에 가고 싶다면 경력직 이직도 훌륭한 대안이다.

1
월급쟁이 : 남의 돈 그렇게 쉽게 먹을 수 있는 게 아니다

> "한국의 대졸 신입들은 서른 전후의 나이지만 사회생활 경험이 거의 없으며, 일과 연봉에 대해 비현실적인 기대를 가지고 입사를 한다…. 이런 이유로 이들의 1/3은 취업한 첫 해 회사를 그만 두게 된다…"
>
> – Michael Kocken, 경영 컨설턴트, 한국 근무 경력 7년[1]

대학생들을 대상으로 취업 강연을 하다 보면 회사라는 곳이 드라마나 TV 광고 속에서 보이는 모습일 것이라고 여긴다는 느낌을 많이 받는다. 회사에 대한 충분한 경험이 없는 상황에서는 당연한 것일 테지만, 회사는 그렇게 낭만적 접근의 대상이 절대 아니다. 포악하기 이를 데 없는 사나운 맹수를 다룬다고 생각해야 한다.

상대를 철저히 인지하고, 현실 그대로의 모습을 봐야지만 그 안의 일원이 될 수 있고, 취업이 된 다음에도 자신의 선택에 대한 후회가 줄어든다. 일본의 유명한 검객 미야모토 무사시宮本武藏가 말했던 '견見하지 말고 관觀하라'는 말은 칼을 휘두를 때만 유용한 말이 아닌 것이다.

❖

1 Business Korea, 2014 Mar 17. "Seven reasons why Korea has the worst productivity in OECD"

지금부터는 여러분이 일하게 될 우리나라의 기업, 특히 취업을 간절히 원할 대기업에서 부딪히게 될 일에 대해 살펴보도록 하자.

1. 대한민국 + 대기업 + 월급쟁이 = 희망고문

1) 월급쟁이가 된다는 것은 고등학생이 대학생이 되는 것보다 훨씬 더 스펙터클한 변화다

대학이라는 목표만 바라보고 감옥 같은 교실에 갇혀 공부만 하던 고등학생 시절에 가장 많이 하는 공상은 대학생이 된 후의 삶을 상상하는 것이다. 미팅, MT, 동아리, 해외연수 등 상상 속의 대학은 젖과 꿀이 흐른다는 가나안 땅이 따로 없다.

그러나 막상 대학교를 4년쯤 다닌 지금, 당신의 대학생으로의 삶은 그 공상 속의 삶과 비슷한가? 아마도 대부분은 대학 입학 후 첫 학기가 지나기 전에 그 상상이 무참히 깨진 경험이 있을 것이다.

회사 생활은 지금 여러분이 무엇을 상상하든지 그보다 더 나쁜 것을 보게 한다. 고등학교에서 대학교로 가면서 무참히 깨어졌던 기억보다 훨씬 강렬하게 회사 생활은 여러분을 '실망'시킬 것이다.

좋은 환경, 사회적으로 존경 받는 회사의 명성, 멋진 상사, 유능하지만 밝고 친근한 동료들, 그 사이에서 동성 직원들의 질시와 이성 직원들의 사랑의 눈빛을 받는 유능한 내 모습! 미안하다, 꿈이다.

여러분이 입사하게 되는 회사가 세계 최고의 회사라고 해도 이러한 실망은 달라지지 않는다. 미스 월드와 결혼한 남자가 와이프보다 못생긴 여자와 바람피우는 것처럼 상상이 현실이 되었을 때의 실망감은 일견 당연한 것이다.

그러나 여러분의 첫 직장이 우리나라 기업이라면 이러한 본질적인 실망 이외의 것들이 작용한다. 바로 21세기에서 갑자기 봉건시대의 노예로 전락하는 기분이 그것이다. 한국 기업이 타임머신도 아니고, 도대체 이게 무슨 소리인가?

2) 월급을 받는 순간 당신은 돈을 받고 남의 일을 해주는 노예 신세다

회사는 본질적으로 독재국가다. 회사는 '매출과 이익의 신장'이라는 단 하나의 가치만을 신봉하고, 이를 위해 철저히 상명하복의 위계가 작동하는 독재국가이다. 이 독재에 대한 전권을 휘두르는 사람이 CEO이고, 국내 대기업에서는 '총수'라고 불리는 사람들이다.

이러한 독재국가적 성격은 미국 기업이라고 해도 전혀 바뀌지 않는다. 아니 그렇게 유연하고, 부드럽고, 자유분방한 미국인들이 운영하는 기업도 독재국가처럼 하다니 말이 되는 소리냐고 묻고 싶겠지만, 사실이다. 그들까지 왜 그런지는 복잡한 경영전략 이론을 배워야 하니 더 이상 파고들지 말고, 기업체가 본질적으로 철저하게 독재국가라는 점만 명심하자(미국의 대형 기업체에서 일해보거나 관찰할 기회가 있었던 사람이라면 알겠지만 그들의 '상명하복'은 우리보다도 훨씬 강력하다. 우리는 윗사람 말을 안 들어도 보너스가 줄거나 진급에서 누락되는 정도이지만, 미국에서는 해고다. 'You're fired!'라고 말하는 영화 장면은 너무나 익숙하지 않은가?).

그런데 선진국의 기업들은 CEO가 오래되었거나 잘못이 있으면 바뀐다. 심지어 창업자라고 해도 경영을 제대로 못하면 쫓겨나기도 한다(대표적으로 쫓겨났던 창업자 중 한 명이 국내에 '애플빠'라는 말을 만들어낸 잡스 형님이다. 그는 1970년대 후반에 PC를 만들어내면서 애플이라는 이름을 전 세계에 각인시켰지만, 그의 회사는 1980년대 초에 IBM과 마이크로소프트의 저가 공세로 심각한 경영 위기에 빠졌다. 이에 애플사의 주주들과 이사회는 이 책임을 물어 잡스를 '해고'한다. 지금의 성공한 애플의 모습은 그가 1997년 복귀한 이후 만들어진 것이다).

반면에 우리나라 대부분 기업의 CEO는 창업자 가문에서 대대로 내려간다. 전문경영인과 가족 승계 중 어느 것이 더 효율적인지, 또는 정치/경제/법률/도덕적으로 타당한 것인지는 이 책의 논의에 크게 연결되지 않으니 논외로 하자. 중요한 것은 대대로 내려간다는 점이고, 회사가 망할 정도의 사고를 치지 않는 한 해고되지 않는 종신 CEO라는 것이다(국내 모 그룹의 회장은 두 번에 걸쳐 회사의 회계 장부를 조작하고 회사 돈을 개인적인 용도로 사용한 혐의로 유죄 판결을 받았지만 여전히 회장 자리를 가지고 있다. 반면 미국에서 회계 부정을 지시했던 엔론 Enron의 CEO는 24년형이라는 엄청난 중형을 선고받고 복역 중이다. 당연히 CEO 자리에서 해고되었다. 회사가 사실상 공중 분해되었으니 CEO로 남아 있을 방법도 없었지만).

봉건시대의 농장은 한 가족의 소유였다. 시간이 지나면 소유주가 아버지에서 아들로 내려가지만 소유주 가문이 바뀌지는 않는다. 그 농장에서 일하면서 수익을 갖다 바치고 일부분을 남겨 생활을 위해 사용했던 사람들을 농노, 즉 농업 노예라고 부른다.

우리나라의 대기업도 가족들이 지배한다. 아버지에게서 자식들에게 소유 및 경영권이 승계되고 있는 것이다. 그리고 이들의 소유물인 기업을 위해 이익을 만들어내고 그 노동의 산물 중 일부분(=월급)을 생활을 위해 받는 사람을 '노동자'라고 부른다.

노동자와 농노는 그 기업/농장을 위해 일할 것이냐를 처음에 선택할 권리가 있었다는 점을 빼면 고용방식이 동일하다. 물론 일을 하지 않을 권리, 즉 사직서를 멋지게 던질 수 있는 권리가 있다는 차이점도 있다. 하지만 나이 마흔을 넘어 나를 찾는 다른 회사가 없어지는 시점이 되면, 또는 나이는 어리지만 하고 있던 업무가 그 기업체 외에 수요가 없다면 이러한 개념상의 직업선택권은 완전히 사라지며, 실질적으로 농노와 똑같은 지위가 된다.

기업체가 월급을 많이 준다는 뜻은 그 직원이 그만큼 많은 가치를 만들어낸다는 의미이지만 다른 한편으로는 사직할 수 있는 권리가 시간이 갈수록 없어진다는 점에 대한 보상이기도 하다. 이 보상이 약하면 직원들이 자신의 이직할 수 있는 권리가 남아 있을 때(즉 나이가 어리거나 또는 일을 대단히 잘해서 업계에 평판이 좋거나 아니면 노동 시장에서 수요가 많은 전문기술을 보유한 경우) 더 많이 주는 곳으로 갈 것이기 때문이다.

기업의 월급쟁이가 노예와 똑같든지 말든지 상관없이 돈 많이 받고 혜택 많이 받으면 되지 뭐가 문제냐고 생각하는 사람도 있을 것이다. 필자 역시 회사 생활을 하는 사람으로서 이걸로 문제 제기를 할 생각은 없다.

중요한 것은 회사에 처음 들어오는 사람은 이 사실을 인식하고 와야 한다는 것이다. 회사가 권위적이네, 고리타분하네, 의사소통이 잘 안 이루어지네 등등의 불만은 일정 부분 타당한 문제 제기이지만 회사의 본질상, 특히 종신 CEO의 독재라는 국내 기업의 본질상 해결될 수 없는 문제에 가깝다. 세상의 어떤 조직이든 조직은 맘에 안 드는 구석이 있기 마련이다. 이 문제에 대해 지나치게 민감해서는 회사 생활이 어렵고, 입사 1~2년 내에 그만두는 초기 이직자의 대열에 끼게 된다.

애초부터 독립성이 대단히 강한 성격이거나, 비합리적인 것을 못 견디는 성격이라면 국내 기업 취업이 아닌 창업 등의 다른 선택을 하기 바란다. 외국계 기업으로 가면 된다고 생각하는 사람도 있겠지만, 국내에 있는 외국계 기업은 생산직이나 일부 영업직을 제외하면 거의 대부분 신입사원을 뽑지 않는다. 또 외국계 기업이 자유분방한 이미지는 있지만 성과에 대한 측정이나 보상 등에서 아주 냉정하기 때문에 성과가 잘 안 나오는 경우는 완전히 가시방석이 된다. 매년 연봉이 줄어드는 사태가 생기면 우울증 걸리기 십상이다.

3) 회사는 당신이 길에서 만나면 눈길조차 주지 않을 늙은이들이 젊은이들에게 당당하게 명령하는 곳이다

사실 대부분의 말단 사원들에게 자기 회사의 총수를 만나보기란 하늘의 별따기다. 볼 일도 없을 뿐더러 가끔 직원 전체에게 발송되는 이메일이나 TV 화면 등을 통해서 만나기 때문에 직원의 삶에 직접적인 영향을 주지는 않는다.

오히려 직원의 일상생활에 가장 큰 영향력을 가진 사람들은 소위 '임원'이라고 불리는 사람들이다. 100명의 직원 중 한 명도 되기 힘들다는 직장인의 꿈, 임원!

최근의 신문기사를 보면 대기업 임원들이 젊어지고 있다고 호들갑이다. 그런데 평균 몇 살인지 보면 여전히 대부분은 50대다. 물론 연구/개발이나 마케팅 쪽을 중심으로 젊은 임원도 많이 늘어나는 추세다. 연구직이 많은 삼성전자의 경우 임원들 평균 나이가 40대 후반 정도라고 한다.

그런데 젊다고 해봐야 40대 후반인 아저씨들에 대해 이 책을 읽고 있는 여러분들의 입장에서 상상해보라. 당신의 부모님이나 친척 어르신들, 교수님 정도 빼고 이 연령대의 사람과 제대로 인사라도 나눠본 적이 있는가? 아니면 지하철 같은 곳에서 이 나이대 사람을 꼼꼼하게 살펴본 적이라도 있는가? 만약 이런 경험이 많다면 그건 당신 취향이 특이한 것이다. 없어야 정상이다.

여러분들이 회사라는 조직에 들어가는 것은 평생 제대로 만나보지도, 이야기를 나눠 보지도 않은 늙은 세대의 사람(그것도 주로 배가 나오고, 머리가 벗겨졌으며, 대단히 무례하고 공격적 성격을 가진 '아저씨'들)이 지시하는 일을 한다는 의미다. 그들은 단순히 지시만 하는 것이 아니라 때로 자신의 감정을 노골적으로 드러내면서 화를 내거나 막말을 하고, 밤늦게까지 야근을 종용하거나 술자리에 불러낸다. 여러분들은 이런 상황에 잘 적응할 자신이 있는가?

당장 취업이 급한 입장에서, 또 어차피 사회생활이라는 것이 여러 세대의 사람들과 어울려 지내는 것이라는 점에서, 교류해보지 않았던 세대의 명령을 받고 일한다는 것에 대해 크게 인식하지 않는 사람도 많을 것 같다. 하지만 신입사원의 이직 사유 가운데 가장 큰 비중을 차지하는 것이 '상사'와의 갈등이다.

강압적이고 원칙 없기로는 둘째가라면 서러운 조직인 군대에서 2년을 보낸 남자들은 그나마 조금 적응이 되는 편이지만, 여성 신입사원에게는 이건 악몽이 될 수 있음을 미리 생각해보길 바란다. 나는 과연 나와 모든 면에서 다른, 이해할 수 없는 행동과 명령을 토해내는 꼰대를 견디면서 커리어를 쌓아갈 인내심과 적응력이 있는가?

대기업의 젊은 직원들 중에 많은 이들이 상사에게 욕을 먹을 때마다 주기적으로 백화점 명품관에 가서 명품을 할부로 지른다는 농담이 있다. 이유는 이렇게 카드값 부담이라도 있어야 회사를 때려치우지 않고 다니기 때문이란다. 맘에 맞지 않는 윗사람은 그만큼 싫은 존재다.

4) 회사의 약속 중 그나마 믿을 수 있는 것은 연봉계약서에 있는 기본급여뿐이다

대학을 졸업하고 사회에 진출해야 하는 상황에서 회사가 독재국가든 봉건국가든, 꼰대가 차고 넘쳐나든 어차피 여러분들이 가서 적응해야 할 곳이다. 피할 수 있는 곳이 아니다. 그러나 우리나라 기업에는 또 다른 복병이 기다리고 있다.

이 부분은 입사에 성공해서 마냥 고무되어 있는 신입사원 때보다는 1~2년 정도 시간이 지나면서 명확하게 인식되는데, 바로 '회사 = 모순투성이'라는 점이다.

합리성을 강조하는 외국계 기업에서는 확실히 적은 편이지만 국내기업은 조직문화상 회사와 상사가 하는 말이 아침과 저녁에 다르다.

가령 역량과 성과가 높은 사람이 빠르게 승진할 수 있는 인사 정책을 만들겠다고 회사는 공표하지만 실제 연말에 가서 고과를 산정할 때 당신 상사는 이런 이야기를 할 것이다. '올해 자네가 열심히 잘 했는데, 그리고 자네가 역량도 더 좋은 것 알아. 하지만 자네 3년 선배인 A대리가 올해 승진 대상자이니 자네 고과를 좀 낮추고 그 친구를 챙겨주겠네. 그 친구 올해 승진 못하면 진급 제한에 걸리니까 이해하라고. 한 팀에서 승진 고과가 2명 나올 수 없다는 걸 자네도 알잖아.' 이런, 젠장! 작년에는 B대리 승진 급하다고 내 고과를 깎더니만.

이런 큰 일이 아니더라도 당신이 입사한 회사에서는 매일매일 다음과 같은 일들이 벌어질 것이다.

'이 업무 다음 주까지 상무님께 보고 드려야 돼. 자네가 좀 해보라고.'

'제가 어떻게 해야 하는 거죠? 저는 한 번도 안 해본 업무인데요? 내용도 모르구요.'

'나도 잘 몰라. 대충 잘 만들어봐. 다음 주 월요일 보고야! 알았지?'

그렇게 해서 주말 동안 죽도록 보고서를 만들고 나면, 보고 직전에서야 팀장이 찾는다. 그 사이 보고서에 제대로 된 피드백을 단 한 번도 주지 않던 팀장 왈 '야, 이게 뭐야. 이렇게 하면 안 되지! 내가 발로 해도 이것보단 잘 만들었겠다.'

자기가 발로 만들어도 더 잘 만들 자신이 있었으면 자기가 하지 왜 지시를 했을까? 이런 팀장이 양계장의 닭처럼 가득 모여 있는 곳이 대기업이다.

게다가 이런 팀장도 있다.

'자네, 올해 말까지만 이 일로 고생하면 내년부터는 자네가 하고 싶어 하는 업무 담당자로 빼줄게.'

하지만 연말에 이르면 말이 다르다.

'자네가 이 업무 별로 안 좋아하는 건 알지만 사람이 없으니 그냥 내년까지 계속 해야겠다.'

'제가 하려는 업무 담당자가 퇴사한다는데 왜 안 되는 거죠?'

'지금 자네가 하는 업무를 넘겨줄 사람이 없어서 그래.'

'올해 말까지만 하면 내년부터는 바꿔준다고 약속하셨잖아요?'

'약속했지. 했는데 상황이란 게 있잖나? 자네가 이해해'

차라리 아무 약속도 하지 말던지….

이런 일이 비일비재로 생긴다. 그게 우리나라 기업의 맨얼굴이다.

이렇게 약속이 헌신짝 취급 받는 문화는 근본적으로는 독재라는 회사 구조에서 발생하는 것이다. 즉 변덕스러운 CEO의 성격 또는 CEO에게 잘 보이려는 임원들의 충성 경쟁 때문에 생기는 것이다. 이 지점에서는 외국의 기업이나 우리나라의 기업 모두 동일하다.

그런데 모든 기업이 변덕스럽지만 우리나라 기업에는 추가적인 요인이 좀 더 있는 듯하다. 군대식의 권위주의적 상하 관계가 그것인데, 이는 기본적으로 내가 윗사람이라는 인식을 갖는 순간 아랫사람과의 약속이나 아랫사람의 감정, 입장 등이 내게 전혀 중요하지 않도록 만든다. 물론 사람의 성격에 따라 아랫사람과의 약속이라도 최대한 지키려고 노력하는 사람도 있을 것이다. 하지만 경험에 비춰볼 때 아랫사람과의 약속에 대해 식언을 하거나, 아랫사람은 참고 인내하는 것이라는 생각을 가진 사람이 여전히 대다수다.

또 하나의 요소로는 기업의 업무 관행을 들 수 있다. 외국, 특히 미국 기업은 장기 계획을 세우고 이를 그대로 실천하려는 경향이 강하다. 즉 연초에 수립된 계획을 큰 변동 없이 연말까지 유지하려는 편이다. 가끔 해외교포나 유학생들이 미국 사람들은 원칙만 준수하려고 할 뿐 유연성이 너무 없다는 말을 하는 것을 들어본 적이 있을 것이다. 이런 사회의 성향이 기업 운영에도 그대로 적용되어 최소 1년 정도는 급격한 변화 없이 예상대로(즉 회사가 연초에 수립한 계획대로) 굴러간다.

반면 우리나라 기업, 특히 대기업은 거의 매월 새로 사업 전략을

수립하고, 실행 계획을 변경한다. 그렇게 전략을 마구 바꾸는 기업이 어디 있냐고 생각하겠지만 국내 최대 기업이라고 불리는 대기업도 새로운 전략안을 분기 단위로, 심지어는 월 단위로 만들어낸다. 이러니 약속을 지키고 싶어도 지킬 수가 없는 것이다(이런 월 단위로 갱신되는 '전략안'의 90%는 보고 후에 책상 서랍 속에서 잠을 잔다. 덕분에 생각보다 많이 바뀌지 않기도 한다. 물론 보고서를 만드느라 들어간 시간과 노력은 완전히 낭비다. 이 짓 하다가 열 받아서 회사 그만두는 사람도 많다).

갤럭시 시리즈가 안착하기 전까지 애플 때문에 호되게 고생을 한 삼성전자는 아이폰처럼 혁신제품을 만들 수 있는 '창의성 있는 조직'으로 변화하기 위해 많은 노력을 해왔다. 그리고 이를 위해 자유로운 출퇴근을 위한 '유연출퇴근제flexible time' 같은 제도를 도입한다고 사내외적으로 대대적 홍보를 했었다.

그런데 외국 경제 상황을 보고 온 이건희 회장이 '생각보다 어렵다'

라는 말 한 마디를 했다. 이 한 마디에 갑자기 출근시간을 오전 6시 30분으로 '자발적'으로 당기는 조기 출근을 시행했다.[2] 회사가 어렵다고, 경제 상황이 나쁘다고 직원들이 평소 출근시간보다 1시간 30분씩 일찍 나오게 하는 조직이 과연 창의성을 촉진하는 조직인가? 갑자기 당겨진 출근시간 때문에 직원들은 하루아침에 일상생활이 급격하게 바뀌었을 것인데, 직원들이 자신의 삶에 대해 가지는 자율성은 어디로 갔나? 3M이나 BMW 같은 기업들에서 당장 적자도 아닌데 경제가 나쁘다는 CEO의 말 한 마디에 출근시간을 2시간씩 당긴다는 이야기를 들어본 적 있는가?(삼성의 설명은 '자발적'이고, 임원 중심이어서 별 것 아니라는 말이었다. 퇴근시간이 지나도 윗사람이 퇴근하지 않으면 엄청 눈치 봐야 하는 우리나라 기업문화에서 윗사람이 2시간이나 먼저 출근해 있는데 일반 직원이 정시 출근한다? 그 홍보 담당자는 정말 자기 임원보다 2시간 늦게 출근하는지 궁금하다).

삼성의 '창의적 조직 추진'과 비자발적 '조기 출근' 사이에는 분명 엄청난 모순이 있다. 매출 200조원을 넘는 국내 최고 기업이라는 곳이 이런 식으로 예측할 수 없고 자신들이 천명한 말을 지키지 않는데 다른 기업은 뻔하지 않은가?

다른 기업 하나는 팀장급 직원들에게 매 주말 시험을 보고 하위 20%는 탈락시켜 인사상 불이익을 주는 직급 교육 제도를 운영했다. 그런데 주말마다 교육받고 시험 보는 주제가 뭔지 아는가? '아랫사람

❖
2 문화일보, 2012. 08. 10. "삼성 6시 30분 출근 한 달째, 직원들 엇갈린 반응"

에 대한 경청과 자율성 존중'이다. 10주가 넘도록 매 주말 8시간씩 강제로 교육시키고 매번 강의록을 달달 외우는 암기 시험을 보는 회사에서 강의 주제는 '경청'과 '자율성'이라니. 이런 곳이 대한민국 대기업이다.

이런 모순 속에서 대기업이 직원에게 한 약속 중 그나마 지킬 확률이 가장 높은 것은 그 해에 지급하기로 한 기본급 액수다(성과 보너스는 당연히 알 수 없는 것이다). 우리나라의 기업에서는 그 외의 모든 것이 예고도 없이 바뀔 수 있다. 기업체에 취업해 직장인이 된다는 것은 지켜지지 않는 약속과 예측할 수 없는 급격한 변화에서도 자신의 자존심과 인격과 봉급을 지켜내야 한다는 것을 의미한다.

중소기업에 다니는 사람들은 이렇게 항변할지도 모른다. 기본급조차도 바뀔 수 있는 곳이 중소기업이고, 비정규직은 계약 기간이 말도 없이 종료될지 모른다고 말이다. 그렇다. 그나마 기본급이라도 지켜주는 곳이니 대기업이 더 좋은 곳일 게다.

그러나 기본급 하나 보고 월급쟁이 생활한다는 건 너무 억울하지 않은가? 그렇게 많은 노력과 시간과 돈을 들여 좋은 대학교 나와서 겨우겨우 정규직 되었는데, 고작 좋은 점이라곤 기본급 확실한 것 하나라니…. 미안하지만 그렇게 노력해야 기본급 하나 겨우 보장된다. 그 이상을 원하면 한국 경제의 구조를 바꾸는 노력을 하라. 그렇지 않고 평범한 월급쟁이로 살겠다고 생각하면 당신이 선택할 수 있는 건 별로 없다.

5) 당신은 회사의 재무 회계상 '비용'이지 '자산'이 아니다

기업 이미지 광고를 너무 많이 본 탓인지 대기업이 인재를 존중하고 잘 대우해 줄 것이라 믿는 대학생들이 많다. 더불어 인간 본연의 자기중심적 사고에 따라 좋은 대접을 받는 인재 속에는 나도 당연히 포함될 것이라고 생각하는 사람도 많다.

2천여년 전 거의 패망 직전까지 몰리던 한나라의 유방은 한신이라는 천재 장수의 도움으로 결국 항우를 물리치고 중국을 통일한다. 하지만 최대의 적이 사라지자 유방은 내부로 눈을 돌린다. 그리고 자기 부하임에도 불구하고 능력이 탁월해 자신의 자리를 위협할지도 모를 한신을 말도 안 되는 죄목으로 엮어 권좌에서 쫓아낸다. 유명한 토사구팽兎死狗烹이란 말이 여기에서 나온 이야기다.

토끼 사냥이 끝나면 사냥개를 잡아먹는다는 토사구팽의 고사를 우리는 흔히 정치 권력의 비정함에 대해 이야기할 때 적용한다. 하지만 가족 대대로 내려가는 가족 기업 경영자의 입장에서 볼 땐 직원도 한신이나 사냥개와 다를 게 없다.

앞서 언급한 것처럼 국내 대기업은 거의 대부분 가족 기업이다. 총수의 최대 목표는 더 많은 돈을 벌고 자식에게 그 자리를 물려주는 것이다. 돈을 많이 벌기 위해서 능력 있는 직원과 전문경영인이 필요하지만, 이들이 필요한 것은 어디까지나 이들의 존재가 자식에게 총수 자리를 물려주는데 도움이 될 때이다. 자식으로의 승계에 큰 도움이 안 될 때는 가차 없이 목을 날려버린다. 어차피 자기 가문을 위해 고용된 노예 또는 용병이니까. 가끔 조직에 대한 충성이나 소속감 같은 것을 강조하는 사람도 많지만 그것은 어디까지나 총수 일가에게 도움이 될 때 의미가 있는 것이다.

어느 조직이든 구성원에게 조직 자체에 대한 관심, 애정, 충성을 요구할 수 있다. 이건 동서양을 넘어 조직이라면 자연스러운 현상이고, 기업 역시 마찬가지다. 월급을 받는 만큼의 헌신을 직원에게 요구하는 것은 그 기업의 권리이다. 그런데 국내 대기업은 '조직에 대한 충성 = 총수 개인 혹은 그 일가에 대한 충성'이다. 개인과 가문에 대한 충성을 강요하던 전근대적 봉건주의가 무너진 지 수백 년인데 아직도 국내 많은 대기업이 조직에 대한 충성과 개인/가문에 대한 충성을 분리하지 않고 직원에게 요구한다(국내 모 기업은 지금도 연초가 되면 부장급 이상 직원이 모두 모여 은퇴한 창업주에게 세배를 한다. 존경에 겨워 자발적으로 하는 거라면 좋겠지만 모든 참석자는 당연히 '강제' 참석이다. 이런 회사가 우리나라에 아주 많다. 우리나라 개개인들은 21세기 포스트모던 시대를 살고 있지만 대기업과 조직 경영자들은 20세기 모더니즘은커녕 19세기 봉건주의 세대다).

굳이 토사구팽을 생각하지 않더라도 기본적으로 기업 회계상 직원은 비용 항목이지 자산 항목이 아니다.

이건 무슨 소리인가? 기업이 돈을 벌 수 있게 해주는 유무형의 재산을 회계적으로는 '자산asset'이라고 한다. 만약 내가 임대업을 위해 건물을 샀다면 그 건물이 내게 돈을 벌게 해주기 때문에 내 사업상의 자산인 것이다. 그런데 그 건물을 관리할 직원을 고용할 경우 이 직원에 대한 인건비는 자산에 포함될까? 당연히 이때 인건비는 자산이 아니다. 이 직원에 대한 인건비는 자산을 활용하기 위해 들어가는 영업상의 비용일 뿐이다(물론 여기에 숨어 있는 논리는 '인간은 물질보다 우월한 존재이므로 물질에만 해당되는 자산으로 간주해서는 안 된다'이다. 즉 인간은 자본의 '소유' 대상이 될 수 없다는 것이다. 하지만 사람이 운영을 해야 돈을 벌 수 있고, 그 사람과는 고용계약을 해서 내가 원하는 대로 활용할 수 있기 때문에 사람도 큰 의미에서는 돈을 벌어주는 재산인 '자산'이다. 경영학에서는 자산이라는 말이 주는 부정적인 어감 때문에 사람을 포함할 때는 '경영 자원Management resource'이라는 좀 더 세련된 말을 사용하기도 한다).

회사는 이미지를 위해 대외적으로는 직원이 가장 중요하다고 말하지만 실제 기업 활동을 그대로 반영하는 재무회계에서 직원은 '인건비'라는 항목 외에는 어디에서도 보이지 않는다. '직원 = 비용'인 것이다.

이 때문에 기업체의 수익이 나빠지면 제일 먼저 나오는 것이 인건비 절감, 인력 구조조정, 명예퇴직 등의 단어다. 설비 운영을 위한 비용이나 매장 임대료 등은 단기간에 줄일 수가 없지만 인력은 잘라내면 그 다음 달부터 월급이 나가지 않아서 즉각적으로 비용이 절감되니 말이다(몇 년 사이에 대규모 인력 구조조정을 두 번 단행한 모 통신사의 사례를 신문기사로 찾아보면 명확하게 이해가 될 것이다).

'자산'을 활용해 더 큰 돈을 벌게 하는 건 결국 사람이 한다. 비슷한 생산 설비를 가지고도 삼성전자와 타 메모리반도체 회사의 생산성과 수익률이 다른 것처럼 말이다. 그렇지만 이 차이 때문에 당신이 '비용 항목'이라는 사실이 바뀌는 것은 아니다. 기업체가 이 이야기를 명시적으로 하지 않는 것은 사냥개에게 사냥이 끝나면 잡아먹겠다는 이야기를 미리 해서 의욕을 떨어뜨릴 필요가 없어서일 뿐이다.

이런 조직에 대해 마치 내 기업처럼 생각하고 '조직에 대한 충성'을 외칠 필요가 있을까? 하지만 입사 면접 때 충성할 생각이 없다고 하면 바로 떨어질 텐데, 어떻게 하는 게 좋을까?

6) 우리나라 기업의 유일한 목표는 '수익'이 아니라 '총수가 원하는 것을 하는 것'이다

눈치 빠른 사람은 지금쯤 눈치 챘겠지만 총수가 지배하는 우리나라 기업의 궁극적 목적은 가업의 승계이다. 하지만 경영학개론 제1장에 소개되는 기업의 궁극적 목적은 이윤창출 아니었던가?

아니다. 외국의 주주 자본주의 기업은 궁극적 목적이 이윤창출이지만 국내 대기업은 다른 목표를 하나 더 가지고 있다.

한 가지 분명하게 할 것이 있다. 이윤창출이라는 동기가 가업 승계보다 도덕적으로 우월한 평가를 받아야 하는 목적은 아니라는 점이다. 과거로 오래 가지 않더라도, 가령 2007년 미국의 금융위기를 불러온 주범 중 하나로 꼽히는 메릴린치는 철저하게 이윤, 그것도 단기 이윤만을 추구하던 회사다. 이 회사는 이윤을 위해 금융기관으로서 반드시 지녀야 할 태도인 '안정성의 유지'에 대해 눈을 감아버렸다. 때문에 2007년 무려 10조원에 육박하는 영업 손실을 내고 파산했으며, 이후 미국과 전 세계에 금융위기라는 최악의 상황을 만들어냈다.

이 기업이 과연 국내에서 욕먹는 재벌보다 도덕적으로 우월한가? 만약 이 동기가 더 우월해 보인다면 그것은 아마도 기업은 이윤을 추구한다는 가장 기본이 되는 명제를 가진 자본주의 체제에서 살고 있는 사람으로서 부정할 수가 없기 때문일 것이다. 결국 돈 벌자고 사업하는 것이니 말이다(그렇다고 가족 승계가 우월하다는 말은 절대 아니다. 거듭해서 말하지만 지금은 봉건왕조 시대가 아니다).

아무튼 국내 대기업의 최종적 목적이 자녀 승계라고 보면, 대기업들이 보여주는, 그리고 대기업에 입사해서 직원으로서 해야 하는 여러 가지 활동 중 도무지 합리성과 논리가 없는 활동이 대단히 많다는 점이 이해가 될 것이다.

가령 이 책을 읽고 있는 사람 중 뽑아준다고 하면 'No'라고 말할 사람이 별로 없을 기업인 삼성을 생각해보자. 몇 해 전까지 삼성에 신입사원으로 입사하면 다 같이 모여서 신입사원 연수를 받고, 그 중 일부 인원을 선발해 매스게임을 했다. 팀으로 일하는 게 필요하고, 서로 협력해서 뭔가 만들어내는 경험이 필요하기 때문에 하는 교육이라는데 그 주제가, 그리고 표현 방식이 사람을 참 당황하게 만든다.

지금 즉시 유튜브를 열어서 '삼성 신입사원 매스게임'이라고 검색해보기 바란다. 매스게임을 펼치는 능숙도나 몰입도, 집단으로서의 움직임 등은 전문적으로 메스게임만 하는 사람들이라고 해도 믿을 정도다. 여기까지는 맡겨진 일에 대해 최고의 품질로 완수하려는 책임감과 열정이라고 봐주자. 그런데 이들이 표현하는 주제가 '우리 기업

만세'인지 '총수 만세'인지 헷갈린다. 이 그룹은 창의성을 위해, 자유로운 사고방식을 위해 모든 걸 바꾸겠다던 그 회사 아니던가?

이 매스게임을 위해 수백 명의 신입사원들이 2달 이상 업무를 떠나 이것만 준비한다고 한다. 동원 인원 500명에 한 명당 월급이 300만원이라고 하면 이 행사를 위해 인건비만 30억원이 들어간다(준비를 위해 필요한 설비와 특수효과, 전문 강사들의 도움, 숙소 비용 등 각종 경비를 고려할 때 전체 비용은 확실히 100억원이 넘을 것 같다). 수십조원을 버는 삼성이므로 이 정도 비용은 써도 된다는 뜻일까? 비록 얼마 안 된다고 하지만 이 돈은 주주들에게 돌아가야 할 돈 아니던가?(2000년대 후반까지 진행하던 매스게임을 지금까지 하고 있는지 여부는 명확하지 않다. 다만 2013년까지도 신입 사원들을 중심으로 13,000여명이 참여하는 하계 수련 대회는 이어져왔다[3]).

어느 회사나 외부에서 볼 때는 황당한 용도에 돈을 왕창 쓰기도 한다. 글로벌 IT 기업의 리더 중 하나라고 할 수 있는 IBM의 한 사업부의 경우 라스베이거스에 사업부 인원의 절반을 모아놓고 일주일 동안 교육을 하기도 했다. 이 때 모인 직원이 무려 1만명으로 전 세계 IBM 지사에서 온 사람들이다. 교육 비용 외에 이들의 이동에 들어가는 비행기 값과 숙소 비용을 상상해보라. 그러나 IBM의 이 황당한 비용은 최소한 그 명분상으로 볼 때 직원 교육을 위해서이지 CEO 만세를 위한 것이 아니다.

❖
3 연합뉴스. 2013. 04. 30. "삼성그룹 하계 수련회, 역대 최대 규모 될 듯"

두 회사 사이에 별 차이가 없다고 생각하는 사람도 있겠지만 이건희 회장은 삼성전자의 CEO일 뿐이다(지금은 회장 자리를 물러났기 때문에 공식적으로는 삼성전자와 아무런 관련이 없다. 순환 출자 덕분에 '사실상' 회장이기는 하지만 말이다). 즉 존중을 받을 필요는 있겠지만 '숭배'의 대상이 아니며, 이를 위해 돈을 쓸 이유는 더더욱 없는 사람이라는 뜻이다(자기 지분이 100%면 회사 돈 = 개인 돈이라고 생각해 이럴 권리가 생길지도 모르겠다. 그러나 이 경우에도 엄밀하게 따지면 문제가 될 소지가 있다. 법률적으로 주식회사는 이사회 의결을 통해 배당하기 전에는 '회사 돈 = 개인 돈'이 될 수 없기 때문이다).

이런 황당한 경향은 총수가 있는 대기업은 모두 비슷비슷하게 가지고 있다. 심지어 회장 일가와 회장 개인에 대한 '충성'을 명시적으로 요구하는 회사도 많다. 여러분들이 입사해서 일하고 싶은 국내 대기업이란 이런 곳이다(얼마 전 한화 그룹의 김승연 회장이 회사 돈을 빼돌려 개인적인 목적으로 사용했다고 해서 징역 4년의 실형을 선고 받았다. 재판 과정에서 한화 내부 문건이 확인되었는데, 김승연 회장은 '신의 경지이며 절대적인 충성의 대상'이라고 적혀 있었다고 한다.[4] 한화는 재계 10위에 불과하다. 순위가 이보다 앞쪽에 있는 기업은 더하지 않을까?).

---

4 한겨레 21, 2013. 05. 24. "김승연 없는 한화, 어디로 갈 것인가"

BMW vs 현대자동차 : 디자이너 수와 기업 문화
그리고 사회

멋진 디자인과 뛰어난 성능으로 럭셔리 자동차의 대명사처럼 되어 있는
BMW. 그런데 이 멋있는 차와 관련해서 몇 가지 보통사람들의 짐작과는
다른 부분이 있다. 그 중 하나가 디자이너의 수이다. 그리고 이 디자이너
의 수는 우리나라 기업과 외국 기업의 조직 문화가 얼마나 다르고, 이 문
화의 차이가 직원 개개인에게 얼마나 큰 영향을 미치는지를 잘 보여준다.

연간 1천만대에 육박하는 생산량을 가진 도요타 자동차는 디자이너 수
가 1,200명이 넘는다. 이에 비춰보면 연간 500만대가 넘는 생산량을 가
진 현대자동차에 5백여명의 디자이너가 근무하는 것은 충분히 이해되는
수치이다.

그럼 연간 생산량 200만대에 약간 못 미치는 BMW의 디자이너 수
는 얼마일까? 도요타 대비 생산량이 1/5이니 디자이너 수도 1/5 수준의
240명? 그래도 BMW가 디자인으로 유명한 회사니 300~400명?

놀랍게도 BMW의 디자이너 수는 120명이다. 더욱 놀라운 것은 차 외관
을 담당하는 디자이너는 불과 25명뿐이라는 점이다. BMW에서 판매되는
자동차의 종류만도 수십 종이 훌쩍 넘는데 그 다양한 차량의 외관 디자인
을 불과 25명이 만들어내고, 그 결과물은 매번 새 차가 나올 때마다 최고
의 디자인이라는 소비자들의 환호를 받는다.[5] 이것이 어떻게 가능할까?

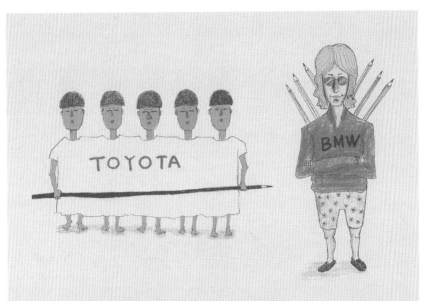

최근에는 조금씩 바뀌고 있지만 얼마 전까지 도요타나 현대자동차는 디자인 작업을 할 때 팀을 이뤄 작업했다. 때문에 이들 회사에서 새로운 차가 나올 때는 디자이너 개인의 이름보다는 그 디자인을 주도한 팀 혹은 디자인연구소의 이름이 먼저 나왔다. 반면 BMW는 처음 콘셉트를 잡는 시기를 제외하면 디자이너 혼자서 작업을 진행한다고 한다.

경영진으로부터 차기 제품의 키워드가 제시되면 이것을 디자이너 전체가 참여해 제품 콘셉트로 만들어내는데, 그 후 콘셉트에 맞는 세부 디자인은 개인별로 따로 한다. 가령 최고의 디자인으로 추앙받는 6세대 5시리즈 같은 경우 25명 중 21명이 개별 작업을 진행했다고 한다. 이들은

5 글로벌 오토뉴스, 2011. 08. 26. "BMW 6세대 535i 시승기"
  BMW 공식 홈페이지, BMW design process video

각자 만들어낸 결과물을 가지고 경쟁을 하고, 이 과정에서 디자인 총괄 책임자가 평가나 조언을 하기는 하지만 기본적으로 한 명이 만들어낸 결과물을 크게 바꾸지 않는다. 심지어 경영진에 의해 최종 낙점된 디자인도 경영진의 취향대로 수정하기보다는 그 디자이너의 원래 생각을 존중해 최대한 유지한다. 결국 BMW에서 나오는 신차는 그 디자인을 최초에 그려낸 디자이너의 이름과 함께 출시된다.

디자이너 한 명의 창의성에 의존하는 디자인은 때론 소수의 소비자들에게만 매력적인, 매니아들만의 환호가 될 위험성이 항상 있다. 때문에 경영진이 디자이너의 독창성과 대중의 기호 사이에서 적절한 균형을 유지하기 위해 많은 노력을 해야 한다.

대중차 브랜드를 지향하는 도요타나 현대자동차는 팀 단위의 디자인을 선호한다. 대중차이기 때문에 이런 성향은 충분히 이해할 수 있지만, 기본적으로 소수의 인력이 '튀는' 것을 경계하는 기업 문화가 이유가 되는 부분도 있고, 이런 문화의 바탕엔 경영진이 책임지는 것을 싫어하는 사고도 한몫하는 것으로 보인다.

한두 명의 스타를 만드는 것은 경영진으로서는 매우 큰 위험을 지는 것이다. 자칫 잘못되면 소수에만 의존해 경영했다는 비난을 사기 십상이다. 하지만 팀 단위로 하게 되면 실패할 경우 책임 소재가 모호해진다. "팀 단위, 즉 회사가 보유한 모든 역량을 쏟아 부었지만 우리 능력의 한계로 그 정도밖에 못했고, 조직 전체가 그 정도여서 경영진인 나도 어쩔 수 없었다"와 같은 식의 평계가 가능한 것이다. 문제가 더 커지면 실무진의 책임자 정도를 문책하는 것으로 경영진은 책임에서 벗어날 수 있다.

디자이너 수에서 시작해서 이야기가 너무 커지는 것 같지만 바로 이 집단적 책임의 사고방식 덕분에 '권한은 있지만 책임은 없는' 기업 총수 문화가 태어난 것이고, 제2차 세계대전 최대의 전범이지만 '일본 왕은 책임이 없어 전범이 아니다'라는 논리가 가능했던 것이다.

기업 문화는 그 기업의 모태가 되는 사회의 수준을 뛰어넘기 어렵다. 우리 기업 문화의 문제의 바탕에는 한국과 일본이 함께 가지고 있는 윗사람이 책임지지 않고 책임소재를 불명확하게 만드는 '집단 문화'가 있다고 한다면 지나친 비약일까.

2. 성공한 사람 이야기를 왜 듣나?
그게 당신일 것 같아서?

"한국 신입사원의 1년 내 퇴사율은 25.2%(중소기업 31.6%, 대기업 11.3%)로 조사되었다. 퇴사 이유에 대해서는 '조직 및 직무 적응 실패'가 47.6%로 가장 많았고…"
– 한국경영자총협회, 2014년 6월 29일, 전국 405개 기업 대상 조사 결과

앞에서 우리는 당신들이 일할 대기업이라는 곳이 어떤 곳인지 알아봤다. 그럼 그곳에 취업하면 내가 어떤 일을, 어떻게 수행하게 될 것인지에 대해 알아보자. 현실에 대한 인식이 될 수도 있겠고, 취업을 위한 마음의 준비를 위한 조언이 될 수도 있겠다. 그리고 이러한

상황 속에서도 실적을 만들고, 성과를 내야 하는 것이 월급쟁이다.

1) 학력 철폐? 여기 대한민국이야!

우여곡절 끝에 대기업에 입사했다. 당신이 사무직일 경우 주변 동료들에게 조심스럽게 졸업한 대학교를 물어보라. 아마도 SKY, 아니면 외국 대학 출신이 대단히 많다는 점에 놀랄 것이다. 특히 나이가 어린 직원일수록 학벌이 더 높다.

최근 신문에 대기업이 학력을 철폐하네, 서류 심사를 배제하네, 고졸 임원이 탄생하네 등등의 기사가 쏟아지고 있다. 그런데 입사한 신입사원들은 좋은 학벌이 넘쳐난다. 어떻게 된 일일까?

일단 대기업들이 학벌에 대해 예전처럼 큰 의미를 두지 않는다는 것은 확실하다. 특히 생산 관리나 기술 관련 분야, 국내 영업, 은행 지점 출납원 및 영업직 등에서는 학력의 의미가 많이 사라졌다. 그러나 이 분야는 원래부터 대졸자 비중이 상대적으로 낮던 분야이다. 대기업들이 고졸을 늘렸다고 생색내는 분야도 주로 이 분야이고, 고졸 임원이 나온다고 하는 분야도 역시 이 분야이다(우리나라 신문들은 행간을 잘 읽어봐야 한다).

대부분의 대졸 지원자들이 원하는 대기업의 폼 나는 사무직들은 여전히 학력에 대한 요구 수준이 높다. 그래서 이 분야에 입사하면 신입사원들의 출신 학교에서 서강대 이상이 평균치가 된다(20위권 밖의 대기업에서는 사무직이라고 해도 슬슬 학벌이 내려간다).

그럼 사무직에서는 왜 이런 현상이 생기는가? 학벌로 일하는 건 아니고, 더구나 가방끈이 길다고 일을 잘하는 것도 아니지 않나? 내 경험과 다른 전문가들의 의견을 종합해볼 때 석사/박사로 올라가는 가방끈의 길이 자체는 업무 역량과 거의 아무 상관이 없다. 물론 특수한 지식이 필요한 분야들(가령 경제 분석을 수행하는 증권사의 경제분석가)에는 최소한 석사 이상의 지식이 요구된다. 그러나 대부분의 사무직에서 일의 성과는 학위의 종류와 상관없다. 때문에 요즘 대기업들 대부분이 학력이 높다고 호봉을 더 인정해주거나 월급을 더 주지 않는다(불과 몇 년 전까지만 해도 대학원 졸업자는 학부 졸업생보다 2년 경력을 더 주는 경우도 많았다. 이런 우대는 지금은 거의 없어졌다).

두 번째, 출신 학교는 업무 성과와 상당한 연관성이 있다. 정확히 표현하면 좋은 학교 출신이 좋은 업무 성과를 보여줄 가능성이 그렇지 않은 학교 출신보다 더 높다. 이 말에 기분이 나쁜 사람도 있겠고, 좋은 학교 출신 선후배들끼리 챙겨주니까 그런 것 아니냐고 말하는 사람도 있겠지만 이런 '학벌' 문화 때문이 아니라 개인의 경쟁력에서 차이가 난다. 또 예전에는 좋은 대학 출신 중 조직적응력이나 성격에 문제가 있어서 업무 성과나 조직문화에 악영향을 주는 경우도 있었지만 요즘은 학교의 순위와 업무 능력 순위가 일정 수준 비슷하게 간다.

좋은 대학교를 나온 사람이 그렇지 않은 경우에 비해 가지는 가장 큰 경쟁력은 연줄이 아니고 '성공에 대한 갈망'과 '자신감', 그리고 '성공의 경험'이다.

대학에 가서 좋은 대접을 받기 위해서건, 아니면 사회적인 출세를 위한 발판을 마련하기 위해서건 좋은 대학교를 간 사람들은 성공과 성취에 대해 강한 열정과 갈망이 있다. 또 주변에서 기대하는 요구조건을 파악하고 이에 부합하는 행위를 하는 것에도 익숙하다. 더불어 이런 경험을 통해 남들 앞에 서본 적이 있기 때문에 상당한 자신감이 몸에 밴다. 이런 갈망과 자신감은 입사 초기에 좋은 결과를 만들도록 돕고, 이후 작은 성공의 경험이 축적되면서 더 큰 성과를 만드는 선순환 구조가 생긴다. 이 선순환 구조가 좋은 대학 졸업생이 사회에서 성공하는 비결이다.

몇 개 되지도 않는 소위 명문대를 졸업하지 못한 사람들은 그럼 어떻게 하라고 이 따위 소리를 하느냐고 불만을 제기할 수도 있겠다. 하지만 독자들을 열 받게 하려고 시작한 말은 아니니 다시 한 번 문맥을 꼼꼼히 읽어보기 바란다. 다른 사람이 성공한 길을 따라 비슷하게 시도해보는 것은 혼자서 길을 찾는 것보다 기본적으로 훨씬 쉽고 효율적이다(이렇게 타인이나 타 회사의 성공요소를 분석해보고 여기서 도움을 얻는 방법을 경영학에서는 벤치마킹이라고 한다).

주요한 벤치마킹 요소는 위에서 언급한 대로 "열정, 갈망, 자신감, 그리고 작은 성공에 대해 소중해 하는 자세" 등이다.

명문대 출신이어서 일을 잘한다는 말을 들을 수 있는 한계치는 대체로 사원~과장 정도까지이다. 밑에 상당히 많은 부하직원이 생기는 차·부장 이상이 되면 더 이상 그 사람이 어디 나왔는지는 중요하지 않다. 이미 그 사이에 쌓은 성과와 평판으로 그 사람은 충분히 평가된다. 즉 출신 대학이 좋지 않더라도 과장 때까지만 버티면서 경쟁할 수 있으면 그 다음부터는 회사에서 여러분이 쌓아온 실적과 평판이 여러분을 증명한다.

생각하기에 따라 대기업이 많은 문제를 가지고 있지만 최소한 한 가지는 상당히 긍정적인 면이 있다. 여러분의 학교가 어디이건 일단 정규직으로 입사하고 나면 여러분들이 보여주는 열정, 자신감, 학습 능력, 리더십 등에 기초해서 여러분에게 새로운 업무 기회와 승진의 기회가 주어진다. 다시 말해 뽑을 때 학벌 따지고 뽑아서 그렇지 일단 들어오면 학벌은 더 이상 큰 의미가 없다(임원이 될 때는 다시 문제가 되기도 한다. 그렇지만 그건 입사 후 20년 뒤의 이야기다. 그 사이에 학벌을 넘어설 실적 하나 만들지 못했다면 그 자체로 임원이 될 자격이 부족한 것이다).

이러한 자세는 입사 면접을 볼 때도 최대한 보여주고 드러내야 한다. 여러분의 손짓 하나, 눈빛 하나가 열정과 자신감으로 흘러넘치면 그것으로 여러분은 명문대생과 충분히 경쟁할 수 있다.

Case 2 '필패 신드롬'과 면접 준비의 소중함

"의욕도 좋고, 능력이 많은 직원이 한 명 있다고 하자. 그런데 하필 새로운 관리자가 온 날 그는 작은 실수를 했고, 새 관리자는 그 직원의 능력과 평판에 대해 작은 의심을 하기 시작했다. 좀 더 자세히 관찰하기 위해 그 직원이 하는 세부적인 업무들에 대해 확인하고 결과물에 대해 꼼꼼히

물어보면서 이 직원은 필요 이상으로 긴장했고, 다시금 작은 실수들을 반복하게 되었다. 차츰 이 관리자는 해당 직원에 대한 기존의 평가가 잘못되었다고 생각하고, 일의 실수나 어긋남이 없도록 그 직원을 더욱 타이트하게 관리하려고 했다. 그 직원은 자율성이 없는 상황에서 의욕을 잃어버리며 어느덧 정말 일을 못하는 직원이 되어 버린다."

위의 예시는 프랑스 인시아드 경영대학원에서 리더십 분야 석학으로 꼽히는 만조니Jean Francois Manzoni 교수가 주창한 이론인 '필패 신드롬'의 한 사례다. 이 증후군은 영어로 'The set-up-to-fail syndrome'으로 옮겨지니 정확히 번역하자면 '무조건 실패하도록 만들어지는 증후군'이라고 해석될 수 있겠다. 이 필패 신드롬은 어떤 직원이 일을 못하는 것은 그가 진짜 일을 못하기 때문일 수도 있지만 관리자가 그 직원이 일을 못한다고 생각하기 때문에 '못하게 되어버려서' 못하는 것일 수도 있다고 이야기한다.

한 인터넷 취업사이트가 조사한 설문 결과에 따르면 직장인들의 이직 이유 1위가 바로 상사와의 마찰이다.

일단 어떤 이유에서든 상사에게 한 번 찍히게 되면 그 다음부터는 계속 찍히게 된다. 심리학적으로 인간은 다른 사람에 대해 일단 부정적인 평가를 한 번 내리게 되면 이후에는 계속 부정적인 면만 인식하게 된다고 한다(심리학에서 '확증 편향'이라고 부르는 문제). 이런 필패의 소용돌이 속에 들어가게 되면 결국 상사와 마찰을 빚다가 이직하게 된다는 것이다. 사람과의 마찰 때문에 이직하는 것은 보통 충분히 준비하지 못하고 이직을 하게 되니 커리어에 타격이 올 가능성이 높고, 특히 경력직들의 과거에 대한 평판 조회가 일반화된 요즘엔 이직 자체가 완전히 망가질 수도 있다.

취업지원자, 특히 출신 학교가 SKY가 아닌 사람들은 특히 이 부분에 대해 심사숙고할 필요가 있다. 앞서 밝혔듯이 좋은 대학 출신들은 관리자가 학교 명성 때문에 우선 긍정적으로 보고, 따라서 일을 잘하는 모습만 기억하게 되고, 계속해서 좋은 평가를 해줄 가능성이 높다.

반면 학교 명성이 떨어지는 경우 자칫하면 필패 신드롬에 빠져 제대로된 역량 발휘 한 번 못하고 회사생활이 망가질 위험성이 크다. 때문에 입사 초기, 가능하다면 면접 때부터 확실한 인상을 심어줄 필요가 있다. 대기업 면접 때는 여러 계열사 관리자들이 면접관으로 들어오기 때문에 내가 만난 면접관이 내 업무의 상관이 될 가능성은 낮다.

하지만 면접의 결과는 그 신입사원의 관리자들에게 통보된다. 면접을 겨우겨우 통과한 신입에 대한 선입견과 좋은 평가를 받은 신입에 대한 선입견이 어떤 역할을 할지 조금만 생각해도 보이지 않는가?(기대가 낮을 테니 처음에 와서 실수해도 평가가 크게 나빠질 위험은 없어 오히려 좋지 않느냐고 생각할 사람이 있을 것 같아 첨언하자면 신입이 들어와서 어리버리한 느낌이 있으면 개인 발전에 도움이 될 만한 일보다는 그냥 잡무에 가까운 일에 쓰다가 다른 팀으로 보내려고 호시탐탐 노리는 게 일반적인 관리자의 태도다. 부서마다 인원수에 따른 예산 제약이 있기 때문이다).

2) 하지만 당신이 직장에서 '일을 잘한다'는 평가를 받을 가능성은 1% 이하다

월급쟁이의 꽃은 '임원'이다. 임원은 영업 실적을 만들어낼 수 있거나, 산업/기술에 대한 전문성을 인정받아 큰 권한과 책임이 주어진 사람이다. 그런데 신입사원이 임원이 될 확률이 얼마나 될까?

직장인들 사이에 흔히 하는 농담으로 '임원은 고스톱 쳐서 따는 것이 아니다'라는 말이 있다. 오랜 시간에 걸쳐 능력과 성과 달성을 통해 그 자리에 올라간 것이라는 뜻이다(물론 임원이 임원 자리에 가기 위해서는 차장, 부장 때 능력을 보여주고 성과를 냈다는 뜻이지 이 사람이 임원에 어울리는 능력을 가졌기 때문에 승진이 되었다는 의미가 아니다. 막상 임원이 되어도 차·부장 때의 습관을 벗어나지 못하고 무능력의 대명사처럼 놀림 당하는 사람들도 있다. 그렇지만 이 경우에도 차·부장 때는 능력자였을 것이다).

기업별로 비율 차이가 제법 나기는 하지만 국내 대기업들은 평균적으로 직원 대 임원의 비율이 100 대 1 정도이다. 단순 계산하면 신입사원 100명이 입사해서 임원이 될 확률은 1명이라는 뜻이다(보통 대형 기계 설비를 사용하는 제조장치산업은 전체 인력이 적고 생산, R&D 등 전문성을 요하는 분야가 많아 임원 비율이 40~50 대 1 정도이고, 상대적으로 매장 관리직과 판매직 등 저숙련 업무가 많고 이직이 잦은 유통 분야 등은 120~130 대 1 정도이다). 또한 임원이 되었다고 해도 모든 월급쟁이의 궁극의 목표인 CEO가 될 확률은 임원 20명 중 한 명 정도 비율이다.

결론적으로 한 명의 취업희망자가 국내에서 손꼽히는 대기업의 CEO가 될 확률은 신입사원 입사 경쟁률 100 대 1, 임원이 될 확률 100 대 1, 임원에서 CEO가 될 확률 20 대 1을 합산한 20만분의 1에 불과하다. 이 정도 확률이면 800만분의 1이라는 로또 확률보다는 훨씬 높지만 CEO가 될 것이라는 기대로 입사준비를 하는 건 별로 현실적이지 않을 것 같다.

그럼 임원이나 CEO가 되기는 어렵다고 치고, 최소한 회사 내에서 일을 잘한다는 평가를 받을 수 있는 확률을 얼마나 될까? 일단 'S급 인재'라는 말로 유명해진 최상위 평가 인력은 불행히도 임원이 될 확률과 비슷한 1% 정도다. '핵심인재' 제도를 운영하는 회사들 대부분이 이렇다. 게다가 대부분의 S급 인재는 최소한 차장 이상, 주로 부장급이나 임원들이다. 즉 회사 경력이 최소한 10~15년 이상은 된다는 이야기이다. 이들 바로 뒤에는 핵심인재 후보군이라고 할 수 있는 '준 S급 인재'들이 있는데, 이들의 비율은 전 직원의 10% 정도이다. 이 대상자들은 사원, 대리급도 포함될 수 있지만 역시 보통은 과장 이상급이다. SKY나 외국 대학 출신들이 절대 다수를 차지하는 대기업 인력들 사이에서 상위 10%가 되는 건 쉬운 일이 아니다.

우리나라 기업과 외국계 기업에서 일할 때 큰 차이가 느껴지는 부분이 바로 이 부분이기도 하다. 핵심인재 정책이 시작된 곳이 미국의 GEGeneral Electric이고, 이 회사의 방식이 널리 퍼진 것이기 때문에 외국 기업에서도 핵심인재는 상위 1~10% 내외이다. 또 선정 방식이 대단히 엄격하고 냉정해서 직원들 간의 경쟁 강도 역시 우리나라 대기업 직원들의 경쟁보다 결코 낮지 않다(미국 기업의 S급 인재는 '맡은 일을 잘한다'가 아니고 '기대를 뛰어넘는다' 또는 '자기 업무 범위 이상의 일을 독자적으로 능숙하게 처리한다'이다. '최선을 다해서 자기 일을 처리한다'는 평가는 B에 불과하다. 즉 열심히 일하는 것은 당연한 것이고, 잘 하는 것이 중요하다는 뜻이다).

한 가지 알아둘 것은 외국 기업은 직원 경력이 아주 작을 때부터 자기 일에 대해 명확한 책임을 부과하고 이에 걸맞는 권한을 준다는 사실이다. 가령 IBM은 신입사원이 입사하면 처음 3개월 만에 개인 비즈니스 목표(쿼터)를 부과하며, 이후에는 무조건 개인 단위의 책임을 요구한다. 대신 이를 위한 의사결정 권한이나 업무 추진 방식의 자유로움을 충분히 인정해준다. 때문에 입사 후 2~3년 정도 꾸준히 실적을 내는 사람은 이미 자기 책임 하에서 독자적으로 업무를 수행하고 그것을 성과로까지 연결해본 경험이 축적된 역량 있는 인재가 된다. 어린 나이에 '핵심인재'에 선발되는 것이 가능해지는 것이다. 어린 나이에 두각을 드러낸 사람에게는 지속적으로 보다 도전적인 업무와 권한이 주어지고 빠른 승진이 이루어지기 때문에('패스트 트랙 fast track'이라고 부른다) 외국 기업에서 10년 정도 좋은 성과를 내고 있는 사람은 국내 대기업에서는 20년 가까이 근무한 부장 또는 임원이 받는 'S급 인재' 대우를 받을 수 있는 것이다. 다만 짐작하겠지만 10여 년 동안 지속적으로 상위 10%의 평가를 받는 것은 무지무지하게 어려운 일이다(상위 10%에 해당되지 못하는 사람은 외국 기업의 이런 '성과중심적 문화'를 견디기 힘들어 한다. 이런 경우에는 국내 대기업에서 천천히 성장하는 것보다 훨씬 생활이 힘들다. 단순히 겉보기에 업무환경이나 보상이 좋다고 '직원 입장에서 다니기 좋은 회사'가 되는 것은 아니다).

기왕 회사생활을 할 거라면 핵심인재가 되고, 임원이 되도록 노력하는 것이 좋을 것이다. 그러나 이것을 목표로 정하고 달리는 것이 정답은 아니다. 1%가 되기를 바라고 일하는 것보다는 순간순간 최선을 다하고 있는지 스스로에게 묻고 그에 맞춰 노력하는 것이 1%에 도달하기 훨씬 쉽다. 성공한 경영인인 안철수 의원도 자신의 삶은 장기 목표를 위해 노력해온 것이 아닌 길어봐야 3개월도 안 되는 단기 목표들을 달성하려고 아등바등하면서 발전해온 것이라 하지 않던가?

Case 3 최고 실적의 폭스바겐 코리아, 그런데 사장은 왜 떠났을까?

오랜 기간 폭스바겐 코리아의 한국인 사장이던 박동훈 사장이 2013년 8월말 르노삼성의 영업본부장으로 자리를 옮겼다. 박동훈 사장 재임 기간인 2005~2012년 동안 폭스바겐 코리아는 연간 1,635대 판매에서 18,395대까지 무려 1,125% 성장했다.

얼핏 보면 영업부진에 시달리던 르노삼성이 실적 좋은 영업맨을 영입한 전형적인 스카우트 사례처럼 보인다. 그렇지만 대표이사를 하던 임원이, 그것도 매우 좋은 실적을 올리던 사람이 좀 더 큰 회사라지만 겨우 담당임원으로 옮긴 것은 모양새가 이상하다. 더불어 박동훈 사장이 떠나기 직전 폭스바겐 코리아의 여러 한국인 임직원들도 회사를 떠난 것으로 알려졌다. 이 이면을 잘 들여다보면 외국계 기업의 문화에 대해 어느 정도 이해할 수 있게 된다(이하는 관련 신문기사에 나온 이야기를 기준으로 한 추정이다[6]).

폭스바겐 그룹은 폭스바겐이라는 이름의 범용 자동차 이외에도 아우디, 람보르기니, 포르쉐, 부가티 등 최고급 스포츠카와 맨, 스카니아 등의 대형 트럭 브랜드를 거느린 세계적인 자동차회사 중 하나로 연간 900만대 이상을 생산, 판매한다. 이 중 폭스바겐의 이름으로 팔리는 차량은

❖
6 오토타임즈, 2013. 08. 20. 파이낸셜 뉴스, 2013. 08. 19. 매일경제, 2013. 09. 02. 관련 기사 및 회사 홈페이지 종합

250만대로 전체의 30% 정도를 차지한다. 폭스바겐 코리아는 바로 이 250만대를 판매하는 기업의 한국 지사다.

폭스바겐은 박동훈 사장이 한국지사장으로 취임하던 2005년에도 전 세계적으로 210만대 이상을 판매했다. 그 해 한국은 고작 1,600여대를 팔았으니 한국은 폭스바겐의 0.1%도 차지하지 못하는, 전혀 관심 없는 시장이었던 셈이다. 이게 무슨 의미인지는 삼성전자의 우간다 지사가 생겨서 그곳 사장으로 현지인이 취임했다고 생각해보면 이해가 쉽다. 삼성전자 본부에 있는 직원들 대부분은 아마 그런 지사가 있는지도 모를 것이다(실제 삼성전자의 우간다 지사가 있는지, 또 매출액의 0.1%를 차지하는지는 모르겠다. 어디까지나 비유다).

그런데 국내 수입차 시장이 크게 성장하고, 특히 폭스바겐 코리아가 눈

부신 실적을 만들어내면서 어느덧 폭스바겐 전체 판매의 1%에 근접하게 되었다(판매 대수에서는 1%가 못 미치지만 한국에서는 유럽에서 판매되는 초소형 모델의 판매가 거의 없고 주로 중대형 차량이라는 점에서 매출액 비중은 1%를 훨씬 상회할 것이다). 판매 대수에서 1%, 매출액에서 2%에 육박하는 시장은 폭스바겐의 입장에서 최대 시장인 독일과 미국, 중국을 뒤따르는 세계 6~7위권의 시장이 된다. 어느덧 폭스바겐 본사 사람들에게도 눈에 띄는, 한번쯤 가보면 좋을 것 같은, 거기다가 급속도로 커지는 매력적인 중간 규모의 시장이 된 것이다. 해외 근무 경험을 쌓고 싶은 본사의 중간 간부들이 이를 그대로 보고 지나칠 리가 없다.

폭스바겐의 공식적 발표나 설명이 없으니 위의 추정이 실제인지 여부는 명확하지 않다. 다만 필자가 이 사례를 통해 들려주고 싶은 이야기는 보통 생활이 좋고 복지가 좋다는 외국계 기업의 본질이다. 글로벌 그룹들은 본국의 근무 기준들을 해외 지사에도 적용하기 때문에 한국 기업들보다 상대적으로 대우가 좋고 합리적이며, 부하 직원의 의사도 상층에 보다 잘 전달된다. 하지만 기본적으로 개인 책임제가 아주 강력하고, 장기근속을 했다고 해도 챙겨주거나 인정해주는 경우가 별로 없다. 그리고 아무리 글로벌 회사라고 해도 본사에 있는 직원들의 입김이 지사에 있는 현지인보다 당연히 세다. 그렇기 때문에 박동훈 사장처럼 실적이 너무 좋았기 때문에 회사를 떠나야 하는 경우가 생기는 것이다. 세상에 좋기만 한 회사는 존재하지 않는다. 그게 한국 기업이든 외국 기업이든 말이다.

3) 커리어 성공을 통해 신문에 나올 것을 기대하느니 로또를 사라

한 전자제품 업체의 여자 직원 이야기를 해보자. 말단 대리였던 이 직원에게 '폴라로이드 카메라'의 마케팅 업무가 주어졌다. 필름 카메라 시절에 폴라로이드는 찍은 사진을 즉석에서 볼 수 있는 큰 장점이 있어서 인기를 끌었지만, 편리하고 인화지 비용도 들어가지 않는 디지털 카메라와 핸드폰 카메라가 나오면서 사실상 죽어가는 제품이 되었다. 입사 4년차의 말단 대리인 여직원에게 이 제품의 한국 내 마케팅 전권이 맡겨진 이유는 CEO도 포기한 제품이었기 때문이었다.

보통의 경우라면 죽어가는 제품이니 문제나 생기지 않게 관리하면서 다른 업무 또는 다른 부서로 이동할 생각만 할 테지만, 이 직원은 어떻게든 성공을 시키고 싶었나 보다. 이 아이디어, 저 아이디어 다 내보고 미친 듯이 매달렸다. 그리고 우연히 들렀던 팬시용품 코너에서 반전의 아이디어를 얻는다. 폴라로이드 카메라를 여성들이 기념품처럼 사용하도록 팬시용품화해서 판매한 것이다. 그 결과 2006년도에 46만대 판매했던 제품을 2010년도에 120만대 넘도록 팔았고, 한국은 그 해 전 세계에서 유일하게 폴라로이드 카메라 판매량이 전년 대비 늘어난 국가가 되었다. 이 사례는 여러 신문에 기사로 보도되었고, 마케터들 사이에서는 발상의 전환을 보여주는 유명한 일화가 되었다.

혹시 이 글을 읽는 사람 중에서 나도 저 정도는 할 수 있겠다 싶은 사람이 있는가? 정말 미안하지만 그럴 확률은 당신이 대기업 CEO가 될 확률만큼이나 낮다. 누구나 스티브 잡스를 꿈꾸지만 스티브 잡스는 60억 명 중 단 한 명이었던 것처럼 말이다. 취업 준비생들의 기를 죽이려고 이런 말을 하는 것이 아니다.

회사 조직에는 장기와 단기라는 두 가지 목표 모두가 필요하다. 조직에 장기 목표가 없으면 직원들의 동기부여와 의사결정 기준이 없어져서 윗사람의 지시만 기다리는 일이 생긴다. 그러면 조직은 망한다.

그렇지만 개인에게 장기의, 큰 목표는 득보다 실이 많다. 왜냐하면 현재의 상태에 대해 불만족을 크게 하고, 작은 노력들에 의한 자기 역량의 발전이 제대로 보이지 않기 때문이다. 50등 하는 사람이 1등 하겠다고 목표를 세운 후 45등이 되었다면 그는 여전히 자신의 목표에 크게 미달한 사람이 된다. 상대 석차가 무려 10%나 상향되었음에도 불구하고 말이다. 그 장기 목표는 기간이 길수록, 또 목표 달성이 어려울수록 동기부여보다는 실망감과 좌절감을 주는 요인으로 작용할 뿐이다. 이러면 회사에 들어가서도 최선을 다하기보다는 요행을 바라게 된다. 그걸로 당신의 커리어에서 더 이상의 진보는 사라진다.

취업 준비를 하는 순간부터 크고 원대한 목표 대신 순간의 어려움을 극복하는 훈련을 많이 하자. 신문에 나올 정도로 대박나는 성공을 꿈꾸는 사람이라면 차라리 돈 모아서 로또를 사는 편이 낫다.

4) 실패는 '총수'에게나 허락되는 단어다

대기업에서 일하려면 단기 목표에 충실하고 적극적으로 일하는 자세가 필요하다. 그런데 일을 적극적으로 추진하다 보면 위험 감수를 해야 할 때가 있다. 이 경우에 어떻게 해야 할까?

가령 기존의 직원들이 일하는 방식과 다른 방식을 도입하면 업무 효율성이 올라간다는 사실을 당신이 인식했다고 하자. 위에 보고해서 새로운 방안을 실행하게 한다면 기존에 일하던 사람들은 모두 생각이 없거나 관행에서 못 벗어난 사람 취급을 받게 될 것이다. 그렇다고 보고를 안 하자니 당신이 답답해서 일을 못하겠다. 이 경우 보고를 해야 할까, 말아야 할까? 혹은 고객 마케팅 방안을 새롭게 생각해냈는데 기존 방식보다 돈이 많이 들어가게 될 것 같다. 그렇지만 회사가 변화하려는 방향과 새로운 마케팅 아이디어가 딱 맞는 것 같다. 물론 성공에 대해 100% 확신할 수는 없다. 추진 보고를 해야 할까, 말아야 할까?

이 경우 경영학 교과서적인 답은 "보고를 한다"이다. 하지만 여러분이 회사원이 되어보면 대답은 "보고를 하지 않는다"에 가까울 것이다. 왜냐하면 실패했을 때 그 책임을 여러분이 뒤집어쓸 것이니 말이다.

국내 대기업 중에 직원의 의견, 특히 기존의 방식을 변화시키거나 대규모의 비용을 써야 하는 의견에 대해서 '제대로 들어주는' 회사는 내가 아는 한 없다.

'제대로 들어준다'는 의미는 직원이 낸 의견에 대해 ① 의사 결정권자가 그 이야기를 충분히 듣고, ② 빠른 시일 내에 의사 결정을 해주며, ③ 긍정적인 경우 그 결정을 실행할 수 있도록 그 직원 또는 담당 부서에게 권한을 충분히 주고, ④ 결과가 실패로 나오더라도 그 책임을 담당 직원에게 묻지 않는다는 뜻이다.

그런데 과장급, 그러니까 10년 이상 다닌 직원이라고 해도 국내 대기업에서 대표이사 수준의 임원을 만나서 업무와 관련해서 자기 생각을 이야기할 수 있는 기회는 1년에 한 번도 제대로 없다. 그 이하 직급자의 경우는 더더욱 의사 결정권자를 볼 일이 없을 것이다.

물론 대기업 내에는 상하 간에 자유로운 의견 교환이 가능한 소규모 조직들도 몇 군데 있다. 그렇지만 이런 조직에 근무하는 직원은 정말 몇 명 되지 않기 때문에 취업 준비생들이 현실적으로 들어갈 수 있는 가능성은 없다. 또 이런 조직은 대체로 경력 직원들로 이뤄져 있기 때문에 신입사원을 잘 뽑지도 않는다.

더불어 당신이 대표이사를 만나서 의견을 개진하더라도 그 사람이 실제 의사 결정권자가 아닐 가능성도 국내 대기업이라면 충분하다. 특히나 그 아이디어가 대규모 투자가 따라야 하는 경우에는 말이다.

국내 대기업의 지배 구조는 상법의 주식회사 구조이지만 일반적인 경영학 이론에서 말하는 지배체계와는 상당히 다르다. 구체적인 양상과 이유를 이 책에서 다루지는 않겠지만 확실한 것은 보유 주식이 많건 적건 재벌 총수가 각 계열사 대표이사를 강력하게 통제하고 있다는 것이다. 이 말은 주요 의사결정 사항은 재벌 총수에게 보고되고, 총수가 승인해야 대표이사가 실행할 수 있다는 말이다. 그러니 대기업 집단에서는 총수만 유일하게 의사결정 권한을 가진 CEO라고 부르는 것이다. 각 계열사 대표이사는 외부에는 CEO라고 이야기하지만 실제로는 전략적 의사결정 권한이 약한 실무 운영 책임자, 즉

COOChief Operating Officer이다.

　사실 직원이 입사 2~3년 이내에 총수의 관심을 끌 만한 아이디어를 생각해내기는 매우 어렵다. 그렇지만 작고 사소한(투자비가 적게 드는) 아이디어들은 얼마든지 생각해낼 수 있다. 그럼에도 불구하고 당신의 이 작고 사소한 아이디어조차도 총수를 보좌하는 '본부'에 가서 승인을 받아야 할 경우가 태반일 것이고, 이를 위해 "'수백 페이지짜리 보고서'를 '수십 번' 고쳐 쓰게" 될 것이다. 이처럼 아이디어를 내는 것이 자기 스스로 무덤 파는 짓이라는 걸 알게 되면 '두 번 다시 아이디어를 내면 내가 사람이 아니다'를 마음속으로 외치리라.

　국내 대기업이 창의성이 떨어진다는 말은 다 이런 과정에서 생산되는 것이다(이런 반복적 검토의 문화, 또는 흔히 '닦고, 기름치고, 조이는'

문화는 제조업에는 필수적이다. 덕분에 우리나라 제조업의 경쟁력은 훌륭하다. 그렇지만 어떤 물건을 제조할지에 대한 창조적 결정 능력은 없다. 대기업 제품 중에서 전 세계에서 한국만 만들 수 있는 물건이 얼마나 되나?).

당신이 업무를 개선하고 실적을 향상시키기 위해 끊임없이 노력하겠다는 의지가 정말 불타는 사람이라면 차라리 창업을 하거나 대기업에서 최소한의 경력만 쌓은 후 외국 기업으로 가기 바란다. 국내 대기업은 당신이 위험 감수를 하는 것을 좋아하지 않으며, 도전에 필연적으로 따르는 실패는 더더욱 용납하지 않는다. 실패는 총수나 할수 있는 것이다.

Case 4 한국 프로야구의 스몰볼과 '안전빵' 문화

야구 이야기를 좀 해보자. 야구에는 두 개의 큰 흐름이 있다고 한다. 빅볼과 스몰볼이 그것들인데, 전자는 타자에게 믿고 맡겨서 큰 점수를 내어 이기는데 중심을 두고, 후자는 감독의 작전에 따라 점수를 짜내고 그 점수차를 지켜서 이기려는 행태를 말한다. 빅볼은 주로 호쾌한 장타와 홈런으로, 스몰볼은 스퀴즈번트와 강력한 마무리 투수로 상징되며, 각각 미국 메이저리그와 일본 프로야구의 속성을 설명하는데 사용되기도 한다.

마해영 해설위원의 글에 따르면 이런 속성을 가장 잘 보여주는 장면은 무사 2루에 주자가 나갔을 때라고 한다. 타자를 믿고 맡기는 메이저리그에서는 한 경기의 승패가 결정적인 영향을 주는 포스트시즌 때가 아니

면 이 상황에서 타자가 번트를 대는 경우는 거의 볼 수가 없다(타격이 약한 투수가 타자로 나오는 경우를 제외하고). 반면 일본 야구나 우리나라에서 지키는 야구를 선호하는 감독이 있는 팀은 상당히 높은 확률로 희생번트를 댄다. 한 통계에 따르면 무사 2루에서 강공을 하는 것과 희생번트를 대는 경우 득점 확률은 약 2% 정도 희생번트 쪽이 높다고 한다.

갑자기 왜 야구 이야기를 하는지 이제 좀 설명해보자. 빅볼은 호쾌한 멋 때문에 관중들의 열광을 이끌어낼 수는 있지만 실패할 위험이 스몰볼보다 크다(고작 2% 차이라고 생각하는 분도 있겠지만 대단히 오랜 시간 동안 수많은 사례를 통해 검증된 차이이기 때문에 통계적으로 상당히 유의미한 차이일 것이다. 즉 실제로 성공 가능성에서 차이가 난다는 것이다. 매 경기마다 피가 마르는 프로야구 감독 입장에서 이 차이를 그냥 무시할 수 있을까?).

위험성이 높은 전략을 선택할 수 있는 상황은 몇 가지 조건이 선행되어야 한다. 가장 편하게 생각할 수 있는 것은 주변 상황이 위험성 높은 전략을 택해도 문제가 안 될 때이다. 메이저리그 관중들은 억지로 만든 높은 등수보다는 질 땐 지더라도 호쾌한 야구를 선호하기 때문에 감독 입장에서 빅볼을 하는 것에 큰 부담이 없다. 두 번째는 감독 자신의 주관이 아주 뚜렷할 때이다. 관중을 즐겁게 해주는 야구가 이기는 야구보다 중요하다고 주장했던 제리 로이스터 감독 같은 사람에게는 빅볼이 하나의 철학이기 때문에 쥐어짜서 한두 경기 더 이기는 것보다 훨씬 중요한 의미를 가지게 된다.

그럼 주변 상황도 만만치 않고, 그럴싸한 철학도 없는 경우에는 어떻게 될까? 가령 내가 경영진인데 회장님으로부터 수익을 왕창 높이라는 압력을 받았다고 하자. 기존 사업의 수익성은 시장 상황상 단기간 내 개선될 여지가 없고, 예전부터 검토한 신규 사업은 가능성이 크지만 그만큼 위험도 크다. 이 사업에 대해서는 회장님께 1차 추진 보고를 했을 때 하지 말라고 지시까지 받은 상태다. 이 상황에서 내가 한국의 통상적인 경영자라면?

"우선 납품 받는 부품의 단가를 줄일 것이다. 우리가 가진 원부자재 재고도 최소한으로 줄이고, 대신 공급이 끊어지면 안 되니 납품 업체에게 거래를 계속하고 싶으면 우리 대신 더 많은 부품 재고를 쌓으라고 압력을 넣을 것이다. 또 납품된 물품에 대한 결제는 현금 대신 어음을 활용해 최대한 뒤로 미룰 것이다. 부품의 원가를 떨어뜨리기 위해 기존 원료를 값

싼 원료로 대체하는 '밸류 엔지니어링Value Engineering' 태스크 포스를 가동시킬 것이고, 기존 상품의 무게를 살며시 줄이고 포장을 바꿔서 신제품이라고 주장해 더 비싼 가격에 출시할 것이다. 고객 반응이 나쁘면 대리점들에게 밀어내면 된다. 동시에 노동법에 저촉되지 않는 범위까지 최대한 노동시간을 늘릴 것이며, 직원들을 대상으로 '위기경영'이라는 말을 아침저녁으로 외치게 시키고, 사무실의 전등을 끄고 화장실의 휴지까지 직원들이 사서 쓰게 만들 것이다. 임원들 월급을 삭감하고 직원들 복지비용도 최대한 줄인다. 직원 임금까지 줄일 수 있으면 더 좋고. 한편으로 연봉은 높지만 일은 별로 못하는 쉰 살이 넘은 직원들을 쫓아내기 위한 방안을 수립하라고 인사팀에 몰래 지시할 것이고, 이 직원들의 빈자리는 파견근로나 계약직으로 채울 방법을 세울 것이다. 그러면서 나는 영업을 강화해야 하니 골프는 기존처럼 계속 회사 경비로 친다."

위험성 높은 전략이 무조건 좋을 수는 없다. 어떤 상황에서는 정말 기업의 생존 그 자체를 위해 처절하게 관리만 해야 할 수도 있고, 도저히 시장 변화 예측이 안 되기 때문에 어쩔 수 없이 안정을 최우선으로 해야 할 수도 있다.

그렇지만 국내 대기업의 경영진 대부분은 전략적 판단에 의해 빅과 스몰을 선택하기보다는 월급쟁이 사장으로서 눈치를 봐야 하기 때문에 '안전빵'을 선호한다. 크게 성공해 봐야 대기업 오너가 잘한 것이고, 못하면 내 목이 날라가기 때문이다. 스몰볼만을 선호하기 때문에 시장을 휘어잡을 혁신적인 제품보다는 손쉬운 공급사 목조르기, 비용 절감을 위한 마른 수건 다시 짜기, 대리점 등 거래처에 대한 부당 매출 (흔히 '밀어내기'라고 한다) 강요, 비용이 싸고 자르기 쉬운 비정규직의 확대 등 리스크 없고 단기간에 수익 확대가 가능한 방법만 고민한다. 이런 행태가 수십 년에 걸쳐 쌓이게 되면 그건 이미 개선이 거의 불가능한 기업 문화가 된다. 이런 과정에서 국내 기업들은 '카피캣'이니 '쿠킹호일'이니 하는 비아냥을 듣게 되는 것이다.

이런 경향은 총수들에게서도 나타난다. 이들 역시 혁신보다는 개선을 택한다. 다만 그 원인은 월급쟁이 사장들과는 조금 다르다. 이유는 2세, 3세로 승계되면서 창업자의 공격적 기질은 사라지고, 이들 역시 안전제일주의가 되어버렸기 때문이다. 이들이 경영을 배우기 시작한 1980~90년대 우리 기업들은 얼마 전 중국 기업들이 그랬던 것처럼 독자적 기술 없이 일본이나 미국 업체들의 생산만 대신 해주는 전형적인 OEMOriginal equipment manufacturing(주문자 상표 제작) 업체들이었고, 1997년 IMF 이전에는 해외에 직접 진출해본 경험조차 거의 없는 우물 안 개구리였다. 이들은 자신들의 핵심적 경쟁력보다는 정부/금융권과의 관계로 경쟁했고, 밀려나는 기업을 M&A하면서 성장했다. 고만고만한 업체들끼리 정계에 로비할 수 있는 의사와 자금력을 갖춘 기업이 살아남은 것이고, 이 자금력은 결국 공급사와 직원들을 대상으로 비용을 쥐어짜서 만들어낸 것이다.

IMF 이후 대오각성해서 우리나라 기업들이 크게 변했다고는 하지만, 문화라는 것이 그렇게 단기간에 바뀔 수 없다. 여전히 혁신 등 통 크게 노는 빅볼은 어렵고, 남의 것을 베끼거나 원가절감에 집중해 영업 이익을 늘리는 스몰볼은 쉬워 보인다. 아무리 총수라고 하지만 창업주인 자신의 아버지나 할아버지의 위상과 역량에 못 미치는 후세들이 더 이상 잡아먹을 만만한 기업이 주변에 없는 상황이 되자 혹시 실패하면 어쩌지 싶어 역시 안전빵으로만 장사하려고 하는 것이다. 이 상황에서 부하직원이 기업가 정신을 가지고 위험을 감수했다가 실패하면 그걸 용납하겠는가?

5) 대기업에 가서 창의적인 인재가 되고 싶다고?
그런 회사 있으면 나도 좀 알려줘

창의성과 관련해서 당신이 국내 대기업에 대해 알 필요가 있는 것이 하나 더 있다. 국내 대기업들은 TV 이미지 광고 또는 신문기사에서 '창의적 인재'에 혈안이 되어 있고, '창의성'을 위해 모든 것을 바꿀 것처럼 말한다. 당연히 거짓말이다. 왜냐하면 회사가 창의적 인재를 위한 환경을 구비하고 있으면 굳이 광고로까지 말하지 않아도 창의적 인재가 모일 테니 말이다.

다음의 몇 가지를 인터넷 포탈에서 검색해보기 바란다.

'LG전자 떠나는 연구원이 CEO에게 남긴 메일'

'어느 회사원의 사직서'(여러 개의 글이 뜰 텐데 모두 읽어보세요)

'애플의 신입사원에게 보내는 편지'

위의 글을 다 찾아 읽고 나서도 삼성이나 LG, 현대 · 기아차 같은 국내 대기업에 가서 열심히 창의적인 인재가 되고 싶은 의욕이 드는가? 도대체 애플과 국내 기업의 차이는 왜 생길까?

여러 대답이 있겠지만, 필자가 보는 근본적인 이유는 '노동관'의 차이다. 국내 대기업에서는 본질적으로 '프로페셔널'을 인정하지 않는다. 프로는 자신이 만든 결과에 대해 전적으로 책임지기 때문에 그 과정에서의 독립성과 자율성을 인정받는다. 그 사람의 의견은 비록 직급이 낮거나 나이가 어리더라도 프로로서의 자존심을 건 의견이기 때문에 존중받는다. 또 전문성을 가진 주체로서 서로를 대하기 때문에 인간관계는 업무를 중심으로 수평적으로 이루어진다.

그러나 이런 문화는 국내 대기업에 거의 없다. 국내 대기업의 노동관을 요약하면 한 마디로 '농업적 근면성'이다. 좀 더 자세히 이해해보자. 왜냐하면 대기업에 고생해서 들어간 후 위의 글에 검색된 사람들처럼 긴 퇴직사유서를 쓰고 회사를 떠나지 않으려면 애초부터 기대를 하지 말아야 하기 때문이다.

'농업적 근면성'이라는 말은 '농업'과 '근면성'이 결합된 말이다. 우선 농업의 특징부터 생각해보자. 농업은 정해진 수순에서 벗어나면 안 된다. 무슨 말이냐 하면 씨 뿌리고, 관리해주고, 거둬들이는 일련의 일들을 반드시 시기에 맞춰 정해진 순서대로 해야 한다는 뜻이다. 봄이 아닌 겨울에 씨를 뿌리면 씨앗이 얼어 죽기밖에 더 하겠나? 농업도 요즘에는 많이 대형화되면서 이런 저런 아이디어들을 가지고 개선해 나가지만 여전히 전통적 농업은 큰 창의성이 필요하지 않다. 필요한 것은 '정해진 일을 정해진 시간'에 잘 하는 것이다. 정해진 일이란 위('하늘' 또는 '재벌 총수')가 허락한 일이다.

더불어 농업은 여러 명이 같이 어울려서 일해야 한다. 그렇지만 그 과정에서 한 명이 뛰어난 능력을 보인다고 해도 수확철이 되었을 때 그 결과에서는 큰 차이가 나지 않는다. 벼를 빠르게 심는 사람이 있다고 해봤자 어차피 정해진 논 면적에서 심는 건 똑같고, 빠르게 심었다고 가을에 더 많은 곡식이 나는 것도 아니다. 기껏해야 자기 논일을 빨리 끝내고 남의 논 일을 조금 도와주는 정도의 차이뿐이다. 이럴 거면 차라리 남과 맞춰 천천히 하는 편이 낫다. 차별적 노력에 대한 보상이 없으니 개인의 동기부여도 없는 산업이 전통적 농업이다(자기 텃밭이라도 일구면 부수입이 생기니 '농업도 차별적 보상이 가능하지 않나'라고 하는 사람도 있을지 모르겠다. 당연히 가능하다. 다만 회사는 당신이 그렇게 여유롭게 자기 일까지 돌보면서 할 여유를 주지 않는다).

근면성은 말 그대로 아침에 일찍 일어나고 저녁 늦게까지 부지런히 일하는 것이다. 근면성은 '정해진 일을 정해진 시간 내에' 해야 할 때는 좋은 습성이다. 그래서 공무원에게 근면성은 필수다. 그렇지만 기존과는 다른 방식을 찾는 일을 할 때는 도움이 되지 않는다. 창의적인 생각은 일을 미친 듯이 고민하고 생각하는 '몰입'이 요구되고, 몰입을 계속 유지할 수는 없기 때문에 다음 몰입을 위한 중간의 여유가 절대적이다. 그러나 일을 그저 열심히 하는 근면성은 '몰입을 위한 여유'를 시간 낭비로 보기 때문에 오히려 창의성에 방해가 된다. 우리나라에서 〈개미와 베짱이〉 이야기가 1970~90년대 어린이 동화의 최상단에 괜히 있었던 것이 아니다.

국내 대기업의 경영자들, 그리고 그들 밑에서 훈련 받고 성장해온 중간간부들은(주로 IMF 이전에 취업한) '부지런함', '열심', 그리고 '시킨 일, 정해진 일을 빈틈없이 수행함'에 대해 높은 점수를 준다. 왜냐하면 자기들도 그렇게 해서 성장해 왔으니까. 또 외부 상황이 어떻게 되든지, 혹은 고객과 시장이 어떻게 바뀌든지 자신들의 생사여탈권을 쥐고 있는 사람은 자기에게 명령하는 '총수'이고, 총수의 말을 잘 수행하기만 하면 생존과 승진을 보장받기 때문이다.

따라서 이들은 자신들의 성공방식을 후배들에게도 그대로 강요한다. 출근시간이 다 되어 출근하는 직원은 개념이 없는 직원이라고 말하고, 오후 6시에 칼퇴근하는 직원을 보고는 성공의 의욕이 없다고 훈계하는 이유가 바로 이것이다. 더불어 퇴근 직전에 직원을 불러 '내일 아침까지 자료 만들어'를 아무렇지도 않게 말하거나, 회식하자며 개인 약속을 취소하라고 강요한다. 심심하면 금요일 저녁에 자기는 퇴근하면서 '월요일 아침까지 해놔'라고 자연스럽게 외치기도 한다.

농업적 근면성은 분명 1970~80년대 아무것도 없을 때 우리나라가 경제성장을 할 수 있도록 만들어준 원동력 중 하나임은 분명하다. 그렇지만 현재의 경영진과 중간간부들의 태도는 일이 많고 필요하기 때문에 개인의 부지런함을 요구하는 것이 아니라 선배로부터 물려받은 관습 때문에, 혹은 주변의 눈치가 보이기 때문이다. 즉 야근하는 척해야 승진에 유리한데(왜냐하면 승진을 결정하는 인사권자도 '농업적 근면성' 유경험자니까) 팀원들이 먼저 가면 리더십이 없어 보일 수도 있기 때문이고, 아니면 집에 일찍 들어가기 싫어서 낮 동안 수다 떨고, 담배 피고, 커피 마시고, 웹서핑하며 놀다가 해질 때쯤부터 일하기 시작하기 때문이다.

국내 대기업에서 능력을 인정받고 고속승진하고 싶으면 지금이 21

세기의 창의력과 차별화 시대라고 해도 대기업에 들어간 이상 '부지런한 척'해야 하고 '열심히 하는 척'해야 한다. 물론 진짜 열심히 해야 임원이 되겠지만 부장까지라도 승진하려면 말이다.

이런 농업적 근면성과 창의성 사이의 비교를 잘 요약한 말이 있다. "Do things right"와 "Do the right thing"이다. 전자는 일을 올바르게, 잘 하는 것이다. 정해진 일을 정해진 조건 하에서 열심히 해서 좋은 결과를 만드는 것은 중요하다. 직급이 낮을 때 완전히 새롭거나 조직과 전혀 상관없이 독자적으로 일해서 좋은 결과를 만드는 것은 매우 어려우니 윗사람이 결정한 일을 '제대로, 적극적으로' 수행하는 것도 중요하다. 지금껏 적다 보니 너무 부정적인 톤이 되어버렸지만 농업적 근면성도 때론 대단히 중요하고, 특히 의사결정 권한이 없는 시절에는 이런 과정을 통해 일을 야무지게 마무리 짓는 훈련을 받는 것은 필수적이다.

하지만 크고, 장기간에 걸친 차별적 가치는 무엇이 중요한 일인가를 찾아내 그걸 적극적으로 밀어붙이는 'Do the right thing'에서 나온다. 모두가 젊은 아이돌을 중심으로 예능을 만들어낼 때 할아버지 4명을 모아서 해외여행을 간다는 〈꽃보다 할배〉 같은 프로그램이 어떻게 하느냐보다 무엇을 하느냐가 더 임팩트 있다는 것을 잘 일깨워주는 사례라고 할 수 있다.

베스트바이, 코스트코, 그리고 제니퍼소프트

기업체의 CEO 혹은 최고 경영진이 가진 생각이나 그 사람들이 만들어 온 문화라는 것이 직원들의 근무환경과 삶에 얼마나 큰 영향을 미치는지 잘 보여주는 사례가 있어 간략히 소개한다. 너무 극단적인 사례들 아니냐 고 말할 수도 있겠지만 그만큼 명확하게 이해할 수 있다.

A. 베스트바이BestBuy

베스트바이는 1969년 설립된 미국의 전자제품 양판점이다. 우리로 치자면 하이마트 같은 업체인 셈이다. 연매출은 50조원이 넘고, 운영하고 있는 매장이 1,400개를 넘는 초거대 기업이다.

미국 기업들이 비교적 자유롭고 수평적인 조직 문화를 가지고 있지만 경쟁이 치열하고 매일매일 실적이 확인되어 희비가 갈릴 수밖에 없는 유통업은 조금 예외로 이야기된다. 대표적인 유통업체인 월마트는 군대 같은 조직 문화로 악명이 높다.

베스트바이는 그래도 자유로운 분위기였지만 유통업체인 이상 일정 수준의 경직된 문화는 피할 수 없었던 모양이다. 이런 상황 속에서 인사 팀의 젊은 직원들 몇 명을 중심으로 새로운 분위기를 만들어 조직을 좀 더 활성화하려는 시도가 나타난다. 이 노력의 이름이 ROWE, 즉 Result Only Work Environment이다. '실적만 따지는 근무 환경' 정도로 번역 이 될 이 시도는 이름만으로는 살벌하기 그지없는 느낌이 난다. 그렇지만 세부 내용은 이름의 느낌과는 상당히 다르다.

간략히 내용을 들여다보면, 출퇴근은 완전히 개인 자율, 근무시간도 40시간을 일하든 4시간을 일하든 팀별로 정해지는 일주일의 1~2차례 회의 참석 외에는 개인 자율이다. 업무의 공유나 동료와의 협업도 전화든 이메일이든 대면보고든 개인 자율이다.

대신 자신이 맡은 업무의 결과에 대해서는 철저하게 개인의 책임이다. 이에 따른 실적 평가 역시 정확하게 이루어지고, 성과가 나쁜 경우에는 연봉 삭감은 물론 심한 경우 퇴사도 각오해야 한다.

너무 극단적이지 않은가 싶지만 베스트바이의 인사팀은 처음 한두 개 팀을 대상으로 시험을 했고, 그 결과 직원들의 만족도와 업무 생산성이 동시에 높아지는 것을 확인했다. 그 후 경영진의 재가를 거쳐 본사에 있는 4천 명 이상의 직원들을 대상으로 ROWE를 확대했다(유통업체의 성격상 매장에서는 이런 운영이 사실상 불가능하다고 한다. 2000년대 중반 시작된 이 시도가 본사에서만 진행되었던 이유이다).

여기에서 생각해봤으면 하는 내용은 ROWE 자체의 내용보다는 이런 과격한 시도가 단순히 아이디어에 머무르지 않고 전사적으로 확대 실시할 수 있도록 해준 경영진의 배포, 그리고 거기에서 비롯된 직원들의 삶의 질 향상이다. 우리나라에서는 애초 상상조차 하지 않았을 정도의 과격한 제도였고, 경영진이 생각해서 하향식으로 진행된 것이 아닌 일반 직원들이 생각해낸 프로그램이 전사 차원의 조직 문화를 바꾸도록 한 것인데, 이를 경영진에서 받아들여준 것이다. 덕분에 베스트바이는 인터넷 전자상거래 업체와의 격렬한 경쟁과 서킷시티 등 경쟁업체가 줄도산을 하는 금융위기 상황에서도 미국 유통업체 중 직원 만족도가 가장 높고, 이직률이 가장 낮은 업체 중 하나로 남아 있을 수 있었다. 조직 문화가 직원 개개인의 삶과 생산성에 어느 정도의 영향을 주는지를 잘 보여준다고 하겠다(아쉽게도 거의 10여 년간 진행된 ROWE는 금융위기 이후 수년간 지속된 경기불황과 전자제품 구매의 인터넷 전자상거래 확대 여파로 회사 실적이 악화되면서 종료되었다. 회사가 본사 직원의 구조조정에 들어갔고, 그 와중에 이 프로그램도 2013년 초에 공식적으로 종료되고, 기존의 40시간 근무 체계로 복귀했다. 프로그램 자체의 효과성과는 별개로 실적이 나오지 않으면 결국 기업체는 보수적으로 갈 수밖에 없음을 보여주는 사례가 된 셈이다. 직원들의 삶의 질이 아무리 중요해도 회사는 결국 실적에 따라 움직인다).

B. 코스트코Costco

창고형 할인매장업 세계 1위 업체인 코스트코는 100조원이 넘는 연매출과 600여 개의 매장을 가지고 있다.

이 회사는 유통업체 중에서도 가장 가격에 민감할 수밖에 없는 창고형 매장을 운영하기 때문에 단돈 10원이라도 비용을 줄이려고 노력한다. 매장에 가보면 알겠지만 매장 인테리어는 그냥 창고 수준이고, 매장의 내벽에 페인트칠조차 하지 않는다. 고객들이 물건을 훔쳐가지 않는지 카트 내용물까지 확인하지만 유통업체라면 당연히 하는 시식 행사도 거의 하지 않는다.

그런데 이렇게 짠돌이 회사인데 미국 매장의 경우 직원들 시급은 $17로 경쟁사인 월마트보다 30%를 더 준다. 더불어 매장 직원들에게 의료보험도 지원해주고 있다(의료보험이 비교적 저렴한 우리나라와 달리 미국의

의료보험은 억소리가 나올 정도로 비싸다. 마이클 무어 감독의 '식코SICKO'
같은 영화를 보면 미국 의료보험제도가 얼마나 엉망인지 잘 설명되어 있다.
기업 입장에서 너무 많은 돈이 들기 때문에 월마트 같은 회사는 매장 판매
직원들에게는 의료보험 지원을 제공하지 않았고, 때문에 많은 비난을 감수
해야 했다. 지금도 미국 내에서 좋은 직장을 구분하는 기준 중 하나가 의료
보험 지원 여부다).

  코스트코가 얼마나 경비에 민감한지는 위에서 설명했다. 그런데 이렇게
경비를 줄이려고 엄청난 노력을 하는 회사가 왜 직원들 임금과 복지는 후
하게 줄까? 이 답은 창업주인 제임스 시네갈James Sinegal의 철학에 있다.

유통업체 매장에서 창고 직원으로 사회생활을 시작한 시네갈은 창업에 성공한 후에도 최하급 직원으로 겪은 어려움을 잊지 않았다. 2011년 은퇴하기 전까지 그는 매장의 판매 사원들과 같은 유니폼을 입고 근무했고, 매장 직원들처럼 회장 등의 직위 표시 없이 그냥 '제임스'라는 이름만 적힌 명찰을 달고 매장을 다녔다. 옆에 수행비서도 없이 혼자서 말이다. 덕분에 코스트코 직원들 중에는 CEO가 자기 매장을 돌아다니는 데도 그냥 '새로 창고 관리 직원이 왔나 보다'라고 생각한 경우도 많았다고 한다. 한때 별명이 '맘 좋은 옆집 할아버지'였다니 충분히 이해할 수 있는 일이다. 그의 연봉은 보너스까지 합쳐도 미국 500대 기업 CEO들 평균의 절반에도 미치지 못했다.

자신의 처우에는 검소했지만 그는 일반 직원들의 삶에는 최대한 여유를 주려고 했다. 그는 미국 CEO들 중에서도 유명한 최저 임금 인상론자이기도 하고(노동 조건을 다룬 TV 프로그램에 나와 최저 임금제 폐지를 주장하는 월마트 CEO와 크게 다툰 적도 있다고 한다), 금융위기 이후 기름값이 치솟자 직원들의 출퇴근 기름값을 아껴주기 위해 일주일에 5일 출근하는 대신 4일 출근하도록 근무 규정을 바꾼 적도 있다. 이런 이유 때문인지 투자자들이 모인 월가에서는 '시네갈이 자기는 적게 받으면서 직원들에게 너무 후하게 챙겨줘서 주주들이 싫어한다'는 풍문이 돌고 이게 기사화된 적도 있을 정도이다.

결국 맘 좋은 사장을 만나면 좋고 아니면 망한다는 이야기 같아 조금은 씁쓸할 수도 있겠지만 회사의 기업 문화 또는 CEO의 경영 철학이 일반 직원들에게 얼마나 큰 영향을 미치는지 잘 보여주는 사례다.

C. 제니퍼소프트JenniferSoft

우리나라에도 회사의 실적과 직원들의 행복을 동시에 추구하는 회사가 하나 있다. 기업 업무용 서버의 성능을 향상시키는 소프트웨어를 판매하는 제니퍼소프트이다.

이미 TV 등에서 여러 차례 다룬 유명한 기업이니 회사에 수영장과 고급 헬스클럽이 있고, 여기서 운동하는 시간도 근무에 포함되며, 재택 근무와 사무실 근무를 자유롭게 선택해서 일할 수 있다는 등의 '멋있는' 내용에 대한 설명은 생략한다. 여기서 공유하고 싶은 내용은 그 회사가 요구한 신규 직원 모집 요건이다.

유럽 등지로 나가 있는 이 회사의 해외 사업망을 관리할 '글로벌 마케터' 한 명을 뽑는 공고인데 학력과 영어 점수도 요구하지 않고, 나이나 성별에 대한 제한도 없다. 이력서 제출도 요구하지 않는다. 다만 이 회사는 두 개의 글짓기를 요구한다. '어떻게 살 것인가'에 대한 글 A4용지 10장, '내 재능에 대한 비평과 발산'이라는 제목의 글 A4용지 5장이다.

통상 대기업에서 IT 관련 글로벌 마케터 같은 직책을 뽑을 때는 상당히 요란하다. '영어 능통자, IT 전공자 또는 기업 소프트웨어 관련 경험자, 세계 유수대학 졸업자 및 글로벌 대형 IT업체 출신자 우대, MBA 필수' 등의 오만가지 화려한 '필수 보유 경력 사항'이 올라오기 마련인데, 제니퍼소프트는 그저 '자신의 삶과 재능에 대해 뚜렷한 생각을 가질 것'이라는 단 하나의 조건만 걸고 있는 셈이다.

처음에 이 조건을 봤을 때 솔직히 필자 역시 황당하다는 생각을 했다. 하지만 실제 주변에서 일을 잘하는 사람들을 가만히 생각해보면 그들은 거창한 그 무엇 때문에 일을 잘하는 것이 아니었다. 자신의 주관이 명확하고, 그만큼 타인의 생각도 존중할 줄 알고, 자신이 잘하는 능력에 대해 존중 받고 싶어 하고, 그만큼 자신이 못하거나 모르는 분야에 대해 겸손하고, 배려심과 책임감과 호기심이 조화를 이룬 사람들이었다. 그들의 특정 스펙이 그들을 일 잘하는 사람으로 만들어 주지는 않았다. 그제사 이런 말이 절로 나왔다. "이 회사 멋있군!"

경영진, 특히 CEO의 철학은 알게 모르게 회사의 여러 분야에 영향을 미치고, 그 결과 직원들의 삶은 엄청나게 달라진다. 그리고 불행히도 국내 대기업 오너들의 대부분은 위에 언급된 사례들과는 매우 다른 경영 철학을 가지고 있다. 대기업에 들어간다는 것은 이런 문화 속에 들어가서 그 문화를 수용하며 살아야 한다는 뜻이다.

D. 모 자동차회사

좋은 소리만 했으니 다른 사례도 좀 살펴보자. 국내에서 신입사원 연봉을 가장 많이 준다는 모 자동차회사 관련 보도에는 댓글이 거의 악플로 도배가 되어 있다. 개인적으로 아는 사람이 몇 명 있어 술자리에서 이런 악플들에 대해 알고 있느냐고 물어보면 너무도 잘 알고 있고, 자기들도 짜증나지만 어쩔 수 없다고 투덜거린다.

얼마 전 이 회사가 자신들의 주력 제품의 풀 체인지 모델을 내놓았다. 요즘 자동차회사들은 모두 연비에 대해 매우 민감하고, 때문에 새로운 모델을 내놓을 때마다 알루미늄 합금이나 탄소섬유 등 비철 경량 재료를 사용해 얼마만큼 경량화 되었고, 연비가 얼마만큼 증가했다고 자랑하기 바쁘다.

　그런데 이 회사는 자기 회사의 대표 모델이라는 제품이, 그것도 6년 만에 새 디자인으로 출시된 풀 체인지 모델이 무게는 무려 135kg이 늘어났고, 연비는 오히려 구형보다 나빠졌다고 발표했다. 회사는 강성과 주행 성능을 높이기 위해 보강을 하다 보니 어쩔 수 없었고, 안전성이 높은 고장력 강판의 사용 비율 증대에 비해 연비 악화 폭이 크지 않다고 이야기한다.

　실제 고객 안전성을 높이기 위해 연비를 포기한 것인지에 대해서는 확인할 길이 없지만, 여기저기 자료를 읽다보니 재밌는 추론이 있어 소개하고, 이를 기반으로 총수의 결정에 직원들의 사기가 어떤 영향을 받는지에 대해 이야기해보려 한다.[7]

　차체 강성을 시험할 때는 차의 가장 안쪽에 있는 프레임에 대해 하는 것이기 때문에 문짝 등이 붙어 있지 않는 상태에서 시험한다고 한다. 즉 차체의 안전성을 높이기 위해 프레임의 고장력 강판 비율을 높이는 것은 설득력 있지만, 문짝 등은 차체 강성과 직접 상관이 없기 때문에 경량화를 위해 강성은 낮지만 무게가 훨씬 가벼운 알루미늄을 써도 된다는 것이다(물론 옆면 충돌에 대비한 안전성은 충분히 확보해야 하는데, 알루미늄 등의 경량 재료로도 얼마든지 가능하다고 한다). 그런데 이 새 차는 문짝도 모두 강판으로 되어 있고, 알루미늄 합금은 사용하지 않았다고 한다.

　무게를 조금이라도 낮추고, 연비를 조금이라도 높여야 살아남는다는

❖

7　동아일보, 2013. 12. 05, 중앙일보, 2014. 05. 14, 오토타임즈, 2013. 12. 13, 한겨레, 2014. 03. 11, 동아일보, 2014. 06. 27, 이데일리, 2013. 12. 22 관련 기사 종합

자동차 업체에서 차체 강성과는 큰 연관이 없는 부분에마저 강판을 쓴 이유는 무엇일까?

이 역시 확인할 길은 없지만, 국내에서 자동차 문짝에 사용할 정도의 강도를 지닌 비철금속 판재 혹은 무게가 가벼운 초장력 강판을 대량으로 생산할 수 있는 업체는 포스코뿐이라고 한다. 즉 이 새 차의 경량화를 위해 경량화 재료를 쓰게 되면 포스코에서 판재를 사와야 하는 것이다. 그런데 이 회사는 몇 년 전 자기 그룹 소속의 제철소를 만들었고, 갈수록 자사 자동차 제품에 이 제철소 제품의 사용 비율을 높이고 있다고 한다. 혹시 차체 강성과는 상관없는 부분에 알루미늄을 쓸 수 있었지만 이 제철소의 매출을 높여주기 위해 무게와 연비를 포기하고서라도 강철을 사용한게 아닐까?(알루미늄 판재 기술로 유명한 회사는 노벨리스, 알코어 등의 외국계 비철금속 업체들이다. 포스코에서 실제로 자동차용 판재를 위한 여러 경량화 재료 기술을 보유하고 있거나 판매하고 있는지 확신할 수는 없다. 정말 이 자동차회사의 설명처럼 안전성을 위해 모든 부위를 강철로 두른 것이거나, 알루미늄의 가격 등이 도저히 맞지 않아 비철금속 재료를 사용하지 못한 것일 수도 있다).

만약 위의 추론이 사실이라면, 이 자동차회사 CEO의 논리는 충분히 이해가 된다. 즉 '자동차 만들어 파는데 철강은 필요하고, 그 재료도 내가 운영하는 제철소에서 공급받으니 차 한 대 팔아서 이익을 두 번 먹을 수 있고(철강 팔 때 한 번, 자동차 팔 때 또 한 번), 어차피 이 대표 모델의 주력 고객층이 국내에서는 연료비에 신경 쓸 정도로 소득이 낮은 사람들이 아니고, 다른 주력 시장인 북미는 이 차만큼 연비 나쁜 차들도 많이 팔리니 결론적으로는 시도해볼 수 있는 일이다' 정도가 아닐까 싶다.

문제는 이런 고위층의 결정 때문에 괜히 욕먹을 개발자들과 홍보 담당자들이다. 자신들도 경량화 기술을 잘 알고 있고, 그냥 외부에서 재료를 구해 왔으면 차체 강성도 만족시키고, 연비도 향상시키고, 그래서 악플에 시달리는 비율이 조금이라도 낮아졌을 텐데 말이다.

인터넷상의 악플이나 언론의 비판에 시달리며 대응해야 하는 사람들은 재벌 총수나 경영진이 아니라, 실무 마케팅 부서 담당자와 영업 담당자들이다. 당연히 이런 여론 때문에 실적이 나빠지면 목이 날라가는 것도 담당자이지 총수가 자기 목을 치지는 않을 것이다.

이런 상황에서 직원들의 사기가 유지될까? 하긴 불만이 쌓여가다가도 월급통장에 찍힌 금액을 보면 모든 불만이 사라진다는 회사이니 직원들 역시 거기에 충분히 만족하고 스트레스 별로 안 받고 살지도 모르겠다.

3. 왜 우리는 계속 가난한가?

"직장인 10명 중 8명은 자신의 급여에 대해 만족하지 않고 있는 것으로 조사되었다…. 중소기업과 중견기업 직장인의 급여 만족도는 각각 15.6%와 15.9%로 조사되었다…. 대기업 직장인은 26.2%로 조사되었다."
– 취업포탈 인크루트, 직장인 501명 대상 설문조사(2014년 5월 20일)

도대체 필자는 어떤 인간이길래 자기는 대기업 다닌다고 하면서 이따위 힘 빠지는 소리를 하는가? 필자가 이 글을 통해 전달하고 싶은 것은 마치 증권 시장에서 '앞으로 증시는 안 좋으니 절대로 투자하지 말라'는 말만 해서 유명해진 경제분석가인 뉴욕대 누리엘 루비니 교수, 즉 '닥터 둠Dr. Doom'의 메시지 같은 것이다.

투자하는 사람이 있기 때문에 밥 먹고 사는 경제분석가가 투자하지 말라는 소리만 하는 이유는 투자자에게 중요한 것이 '투자에 대한 기대수익과 위험 사이의 균형'이기 때문이다. 그래야 장기적인 시장의 성장이 담보되고 증시에 들어온 사람들이 보다 행복해지기 때문이다.

필자가 하는 힘 빠지는 소리는 대기업에 들어오지 말라는 소리가 아니다. 다만 사전에 위험성과 어려움을 충분히 인식하고 있어야 면접 볼 때 황당한 소리를 해서 탈락할 위험이 줄어들고, 들어와서도 과도한 기대와 이에 따른 큰 실망과 좌절을 겪지 않기 때문이다.

우리는 지금까지 대략적이지만 대기업이 어떤 분위기이고, 내가 무슨 일을 어떻게 할 것인지, 그리고 그 일을 둘러싼 분위기는 어떠할지 살펴보았다. 그럼 이 분위기에서 일을 하면 어떤 결과가 나에게 펼쳐질 것인가? 비록 확률은 정말 낮지만 내가 성공적으로 업무를 수행하면 내 인생에 봄날은 올 것인가?

1) 대기업 다녀 봐라, 당신이 강남 스타일이 되는지

이것도 미안한 말이지만 대기업 아무리 다녀도 당신의 삶이 강남 스타일이 되지 않는다. 아, 물론 방법은 있다. 대기업 취업하기 전에 이미 당신네 집이 강남 스타일이면 된다.

대학생들이 취업에 대해 가지는 환상은 어처구니없게도 고등학생이 대학교에 대해 가지는 환상과 아주 흡사하다. 앞에서도 한 차례 언급했으니 자세한 설명은 생략하겠지만 하나만큼은 반드시 설명이 요구된다. 즉 대기업에 가면 큰돈은 아닐지라도 제법 소득이 될 것이라는 점 말이다.

2012년 조사에 따르면 대기업 신입사원들의 연봉은 약 3,695만원이라고 한다. 이 정도면 세금과 의료보험료 등을 다 떼고 나더라도 월 평균 250~260만원 정도 되는 셈인데, 세후 3천만원 정도이다(이 금액엔 간혹 나오지 않을 수도 있는 연말 성과급 등도 포함되어 있다는 것은 논외로 하자. 미리부터 기죽을 필요 없으니까).

제법 많아 보인다. 그런데 여기서 잠깐! 당신이 저 연봉을 받는다고 치면 얼마나 저축할 수 있을 것 같은가?

부모가 당신에게 10억원을 물려줄 수 있다고 생각해보자. 10억원이면 증권계좌 등에만 넣어놔도 매년 이자가 2~3천만원 정도 세후로 나온다. 대기업 신입 연봉과 기가 막히게 비슷하다.

10억원을 물려받은 친구가 '당신의 기대와는 다르게' 도박 등으로 돈을 날리지 않고 착실하다고 하자. 그럼 아마도 그 친구는 10억원 중 일부는 부동산 등에 투자해서 임대 수입을 얻고, 일부는 자기 사업을 하는데 투자할 것이다. 이런 포트폴리오로는 시장의 일반적 수익률 정도만 올려도 이 친구는 세후로 4천만원 이상 벌 수 있다.

이런 젠장! 물려받을 것 별로 없는 나는 정말 죽도록 고생해서 겨우겨우 대기업 들어가서 새벽부터 밤늦게까지 고생하면서 겨우 3천만원도 못 챙기는데, 내 친구는 편하게 놀면서 최소한 3~4천만원을 쉽게 챙기다니!

이런 친구 별로 없을 것 같은가? 평일 낮에 경기도 일대 골프장 뒤져 봐라. 서른 살도 안 되어 보이는데 외제차 타고 와서 골프 즐기는 사람들 차고 넘친다.

주변에 10억원 물려받은 사람이 없어 배가 안 아프다면 처음의 질문으로 돌아가자. 세후 3천만원, 즉 매월 250만원 정도가 손에 들어온다면 실제 내 돈은 과연 얼마나 될까? 일단 재테크 전문가들이 권장하는 신입사원의 저축 필요 비율은 자기 연봉의 50% 이상이다. 3천만원 기준으로 1,500만원, 즉 매월 130만원 정도는 모아야 한다는 것이다.

여기에서 몇 가지 항목만 생각해보자. 일단 집 관련 비용(부모님 집에서 살면 좋겠지만 이것도 취직하면 눈치 보인다), 출퇴근 교통비와 식비(회사에서 일부 보조가 나오겠지만 당연히 보조 금액보다 많이 쓴다), 술값 또는 화장품 비용, 옷값, 자기 개발을 위한 각종 교육 비용, 결혼 부조금 등등. 혹시나 부모님 용돈을 드려야 하거나 대학 다니는 동안 등록금 부채 등이 있는 경우라면 이 비용까지 포함해서 당신이 쓸 수 있는 돈은 매월 120만원인 셈이다. 매월 120만원 쓰면서 강남 스타일로 살 방법을 나는 알지 못한다.

그래도 저축을 130만원씩 하니 좋지 않나라고 생각할 수도 있겠다. 연간 1,500만원. 큰돈이다. 그런데 이 돈으로 서울 시내에 59m²(24평형) 아파트 전세 하나 얻으려면 최소 10년이 필요하다. 그 것도 중간에 까먹지 않고, 열심히 이자 붙을 수 있는 재테크 많이 해서 그렇다. 연애하는데 돈 적게 쓰고, 결혼식 비용 최대한 아끼고, 부모님 건강하셔서 병원비 많이 안 들어가야 가능한 돈이다.

연봉이 3~4천만원도 안 되는 가장들도 많으니 배부른 소리일 수도 있겠지만 당신이 죽도록 노력해서 그렇게 들어가고 싶은 회사에 들어가 봐야 돈 모으기 힘들고, 당신 생활 수준의 드라마 같은 변화는 생기지 않는다.

신입 연봉이 5~6천만원 넘어가는 금융권이나 자동차산업의 대기업이라고 해도 큰 차이를 보기는 어렵다. 우선 금융권은 소위 '품위 유지비'가 많이 들어간다. 된장녀이거나 자신감이 없으니 그렇다고 비난하기는 쉽지만 막상 그 산업에 들어가서 주변 사람들 모두가 패션에 신경 쓰고 다니고, 제대로 못하고 다니면 은근히 눈치 주는 그곳에서 최대한 절약하면서 살기란 쉽지 않다. 패셔니스타가 될 필요는 없으니 중간 정도만 가야겠다고 생각해도 돈 많이 들어간다. 잘 납득이 안 되면 여의도 금융가 주변 커피숍에 앉아서 몇 시간만 사람들 옷차림과 장신구를 관찰해보기 바란다. 또 금융회사에 다니면 주변에서 무조건 월급이 많다고 생각하기 때문에 술 사고 밥 사라는 이야기를 많이 들을 수밖에 없다. 회사 밖의 사람들을 최대한 안 만나고 살면 되지 않나 싶겠지만 회사에서 팔라고 은근히 강요하는 은행 상품들을 팔려면 평소에 사람들과 적절한 관계는 유지하고 있어야 한다(비영업직 사원들에게 판매를 강요하거나, 이를 빌미로 인사상의 불이익을 줄 수 없다는 것이 근로기준법과 공정거래법에 규정되어 있지만 항상 법은 멀고 주먹은 가깝다). 만약 외부 인맥 관리 없이 10여 년쯤 살면 주변에 금융권이 아닌 사람은 거의 남지 않는데, 이러다가 구조조정이 되면 나이 마흔에 다른 업계는 거의 모른 채 험난한 세상살이를 시작해야 한다.

자동차업계가 금융권 다음으로 연봉을 많이 주는 곳이라고 하는데, 이는 현대 · 기아차 계열에만 해당되는 내용이고, 성과급 등이 많이 포함된 금액이다. 많이 받고, 금융권처럼 품위 유지비가 드는 것도 아니니 일견 좋아 보인다. 하지만 대형 장치산업의 특성상 사이클을 타야 한다는 점이 문제다. 지난 5년 이상 현대 · 기아차는 최고의 실적을 내면서 달려왔지만 대규모 구조조정이 늘 있어왔던 글로벌 자동차산업의 속성을 고려할 때 어떤 일이 있을지 아무도 모른다. 더불어 장치에 투자된 비용이 막대하기 때문에 매출이 조금만 줄어들어도 수익성이 급격히 악화될 수도 있다('고정비의 지렛대 효과'). 이렇게 되면 이 회사 직원들이 누려왔던, 당연히 지급되는 높은 성과급은 과거의 영광에 지나지 않을 위험도 얼마든지 있다. 몇 년 만이라도 이렇게 받으면 줄어도 괜찮다고 하는 사람도 많겠지만 용돈을 50만원씩 받다가 갑자기 30만원으로 줄여보라, 견딜 만한지!

2) 전문가? 40대에 집에 가려고?

신입사원 면접이나 대학교 강연 등을 가보면 자신의 회사에서 일을 통해 '열정을 가진 전문가'가 되는 것이 목표라 말하는 학생들이 대부분이다. 교과서적으로는 훌륭한 대답이긴 한데, 그 정확한 의미를 아는 사람은 별로 없는 것 같다. 좀 더 자세히 살펴보자.

먼저 '열정'에 대해 생각해보자. 아마 가장 큰 착각은 '열심'을 '열정'이라고 생각하는 것 같다. 둘 사이는 뭐가 다른 걸까?

열심은 정해진 일을 부지런히 집중해서 하는 것이다. 앞서 이야기한 'Do things right'를 위해 최선을 다하는 것이다. 하지만 무슨 일을 열심히 할 것인지를 정하는 것은 다른 사람이다. 열심은 공무원에게나 어울리는 말일 뿐 '기업가 정신'을 요구받는 대기업 월급쟁이의 덕목은 아니다.

열정은 자기가 정하고, 그에 맞는 위험 감수와 준비를 하는 것이다. 앞으로 일어날 상황을 예측하고, 그 어려움을 돌파하기 위한 방향과 해결책을 생각해 내고, 해결책들의 우선순위를 정해 하나씩 몰입해서 답을 찾아내는 것, 그리고 그 답에 대해 비록 위험성이 있다고 하더라도 열심히 확신하고, 이 확신으로 타인을 설득해 궁극적인 목표에 도달하도록 하는 그 과정 전체를 의미한다. 때문에 열정은 냉정하고 분석적이지만 때론 도전적이고 저돌적인 것들을 모두 의미한다. 단순히 땀 흘리고, 서류에 머리를 묻고 있는 것이 아닌 것이다. 'Do the right thing'을 찾아내고 이를 실현시켜 내는 것이 열정이다.

열정 있는 삶은 대단히 어렵다. 반면 그저 '열심'뿐인 사람은 대기업에서 50세까지 버티기 어렵다. 열정을 가진 사람만이 그래도 월급쟁이를 시작한 목표 중 하나인 임원 되기를 이룰 수 있다. 열정은 아무나 갖는 게 아니다(반대로 모든 임원이 열정을 갖는 것은 아니다. 임원 중에도 뒷방 늙은이 같은 사람 부지기수니까).

그럼 전문가는 뭘까? 보통 말하는 전문가는 아마도 "특정 산업이나 분야, 업무 등을 오랜 기간 경험하고 이에 필요한 넓고 깊이 있는 지식을 가지고 있어 타인에게 인정받는, 특정 분야에 대한 문제 해결 능력을 보유한 사람"일 것이다. 이런 사람이 되면 좋을 것이다. 그런데 이런 사람은 과연 회사에서 오랫동안 좋은 대우 받으면서 살아남을 수 있을까?

당신이 한 회사에서 전문가로 성장하려면 특정 업무에 대해서 최소한 5~10년 정도는 담당하면서 많은 지식과 인적 네트워크를 보유한 상태가 되어야 한다. 그런데 회사, 특히 대기업에서 필요로 하는 인력과 이런 소위 '전문가'가 일치하는지에 대해 생각을 많이 해볼 필요가 있다.

회사에는 특정 분야에 대한 전문가가 많이 필요하다. 그렇지만 한 분야의 전문가가 필요한 시점은 어디까지나 그 회사가 그 분야에 관심이 많을 때의 이야기이다. 예전에 국내 대기업의 전자계열사에 TV용 브라운관 생산 분야에서만 20년 넘게 일해온 인력이 있었다. 그는 생산 관리 업무를 하면서 그 분야에서 최고 전문가로 성장해온 사람이었고, 브라운관 TV 업계에서는 그 사람 이름만 들으면 누구나 알아주는 인력이었다. 그런데 잘나가던 브라운관 사업은 2004년 최고점을 찍은 후 LCD를 비롯한 평판 TV로 시장이 바뀌면서 급격하게 사양산업이 되어버렸다. 그 인력의 효용 가치는 1년도 되지 않는 사이에 '0'이 되어버렸다. 그는 결국 다음 해 회사를 떠났고, 지금은 동네에 편의점을 내고 '알바 비용 비싸고 본사 나쁜 놈들'이라고 투덜거리면서 살고 있다 한다.

너무 고루한 기술 분야여서 별로 와 닿지 않는가? 그럼 유통업체에서 중국 쪽 전문가로 성장했던 사람 이야기를 해보자. 이 사람은 유통업체 입사 전 종합상사에서 중국 쪽 수출입 업무를 했었고, 유통업체에 온 이후 중국 사업 진출 분야에서만 일해온, 중국에 관한 한 최고 전문가 중 한 사람이었다. 그러나 그가 속한 기업의 중국 사업은 무리한 사업 추진으로 계속 적자 상태였고, 결국 구조조정이 이루어졌다. 임원 승진을 기대하고 있던 이 인력은 지역 전문가이자 실무 책임자로서 열심히 조언하고 부지런히 업무를 수행했지만 자신에게만 책임을 물을 수 없는 회사 전체의 실적 때문에 한직으로 밀려났고, 얼마 후 옷을 벗었다.

전문가의 의미를 다시 한 번 잘 생각해보자. 전문가는 한 분야에 대해 지식과 경험을 오랫동안 쌓아 올린 사람이다. 한 분야에 오래 투자했기 때문에 시장 상황이 바뀌어 그 분야에 대한 지식, 경험의 수요가 줄어들게 되면 다른 분야에 대한 역량이 부족하기 때문에 가장 먼저 퇴출되는 대상이 되는 사람이기도 하다. 즉 전문가는 한 분야에 대한 전문성을 위해 다른 분야로의 이동에 필요한 광범위한 지식과 유연성을 포기한 사람이라는 뜻이고, 결국 시장의 급격한 변화 시 밀려나게 된다는 뜻이다(보통 특정 분야 전문가는 그 전문성 때문에 몸값이 비싸고, 스스로 자부심도 강하다. 때문에 그 분야의 수요가 사라질 경우 그 반대급부로 퇴출 1순위가 되는 것이다).

외국 대기업도 마찬가지이지만 R&D나 생산 등 특정 분야에서 전문성을 쌓아 올릴 수밖에 없는 직업을 가진 사람들은 평균적으로 몸값이 높은 편이다. 이러한 높은 보상은 유사시 퇴출 1순위가 될 수도 있다는 리스크에 대한 보상인 셈이다.

대기업에서 오랫동안 승승장구하기 위해서 필요한 전문성은 대학생들이 일반적으로 생각하는 기술이나 지역에 대한 전문성이 아니라 경영에 대한 전문성, 유연성에 기반한 전문성, 그리고 조직에 대한 전문성이다.

경영에 대한 전문성은 경영학 박사가 되라는 뜻은 아니다. 경영의 많은 분야, 즉 재무, 회계, 인사, 기획, 마케팅, 영업 등 회사 내 여러 부서의 업무에 대해 두루 알고 있어야 한다는 뜻이다. 가령 기업체가 신사업을 추진하게 될 경우 그 담당자는 시장조사, 상품개발, 경쟁상황 분석 등 기획/마케팅적인 업무부터 사업에 필요한 투자 재원 관리, 손익 등 사업성 검토, M&A 등 시장 진입 방법 마련, 필요한 인력 충원 및 인사 관리 등 수없이 많은 회사 내 여러 분야의 업무들을 무리 없이 실행할 수 있어야 한다. 필요시에는 그 신사업체의 책임자가 되어 그 사업을 직접 경영해야 할 수도 있다. 또 이를 위한 다양한 커뮤니케이션 방법과 설득력, 협상 능력 등도 필수적이다. 이런 이유로 해서 경영학에 대해 전문적으로 배운 MBA 졸업자나 전략 컨설턴트들이 높은 몸값과 함께 회사에서 살아남는 것이다.

이런 과정이 아니라면 전문성을 추구하는 사람은 동시에 다른 분야로 넘어갈 수 있도록 많은 유연성과 광범위한 지식, 경험 또는 응용 능력을 키워야만 한다. 지금 SK 텔레콤이나 KT에서 고위 임원급에 있는 인력들 중에는 1980~90년대 삐삐나 시티폰 등 이미 사장되어버린 분야에서 십수년씩 일한 사람도 있다. 그들은 이 오래된 기술 분야에 대한 전문성을 키워왔지만 동시에 IT나 통신 분야의 일반적 변화에도 민감하게 대응하고 이에 필요한 지식과 인적 네트워크 등도 쌓아 올려 왔을 것이다. 그렇기 때문에 국내 통신에서 삐삐나 시티폰이 사라진 지금에도 여전히 그들은 고위임원으로 잘 지내는 것이다.

앞서 두 개의 전문성과는 다른 성격이 조직에 대한 전문성이다. 뭔가 거창한 느낌이겠지만 쉽게 풀어서 말하자면 그냥 대기업 한 곳에서 인적 네트워크를 엄청나게 쌓아 올린 것을 말한다. 대기업에서 일한다고 해도 그곳에 있는 주요 인력들과 네트워크를 쌓는 것은 굉장히 어렵다. 자기 업무와 직접 관련이 없는 경우에는 같은 회사 사람이라고 해도 제대로 모르는 경우가 허다하다. 그런데 조직에 대한 전문성을 가지고 있는 사람들은 그룹 내 여러 회사에 걸쳐 수백 명 이상과 네트워크를 가지고 있는 사람이다. 대기업 내 계열사 간에는 사업이 서로 연계되어 있는 경우도 많고, 인사이동 등을 통해 내 고객이었던 사람이 하루아침에 공급처가 되기도 한다. 이런 변화 과정은 많은 '조율'을 필요로 하는데 평소 인적 네트워크가 좋은 사람들이 이런 과정에서 빛을 발하고, 업무에 대한 전문가보다 더 대우받기도 한다.

회사에서 일을 잘한다는 평판을 듣는 것은 종합예술이다. 어느 하나의 특정 업무, 특정 지식 또는 특정 능력 하나만으로 일을 잘하게 되는 것이 아니다. 당신이 한 분야에서 많은 경험을 쌓아서 그것으로 충분하다고 생각한다면 그 직후 당신이 할 수 있는 일은 그 '전문성'을 가지고 회사를 떠나 자기 사업을 하는 것뿐이다(앞서 언급한 중국 전문가는 퇴사 후 중국과 관련된 조그마한 자기 사업을 하고 있다. 자기 사업이니 맘은 좀 더 편할 수 있겠지만 그가 원했던 대기업 임원이 되었을 때의 기대 수입에 비하면 많이 아쉬운 처지이다). 나이 마흔 넘어 다른 회사나 업무 쪽으로 이동 가능성이 사라져갈 때 자신이 과거에 쌓아 올린 전문성만 믿고 있는 것은 집에 가기 위한 고속도로를 깔고 있는 것이다. 업무 능력을 인정받는 수준까지의 전문성은 필수적이지만 그 이상은 전문성을 쌓아 올리는 대신 회사에 대한 이해를 높이거나 사람들과의 네트워크에 투자하는 것이 가늘더라도 길게 가는 길이다(우리나라에 마흔 살이 넘으면 기술자나 전문가는 없고 관리자만 남는다는 이야기가 있는 것은 결국 위에서 설명한 이런 연유 때문이다. 전문가Specialist는 없고 관리자Generalist만 살아남는 문화 그 자체가 대기업 문화여서 그렇다).

3) 일과 개인생활의 조화?

구직자들, 특히 신입사원들이나 경력 2~3년 미만인 사람들이 말하는 조건 중 하나가 일과 개인적인 삶의 조화, 즉 WLBwork life balance다.

분명 우리나라 대기업들도 예전에 비해 개인의 삶에 대해 많이 존중해준다. 예전처럼 자기는 6시에 퇴근하면서 일만 던져놓고 가는 상사도 많이 없어졌고, 무조건 늦게 가야 한다고 노골적으로 이야기하는 사람도 이젠 거의 없다.

사실 일과 개인생활의 균형은 양날의 칼 같은 부분이 있다. 변화의 속도나 경쟁의 속도가 너무 빠른 우리나라에서 야근이나 주말 근무 없이 좋은 성과를 만드는 것은 정말 힘겨운 일이다. 특히 하위 직급보다는 일에 대한 최종 책임을 지는 상위 직급자에게 6시 퇴근은 '그냥 노트북 들고 집에 가서 추가로 야근하라'는 말과 다를 바 없다.

합리적인 이유가 붙은, 즉 여러 사정상 야근과 주말 근무를 해야 하는 경우라면 그래도 참아줄 만하다. 문제는 야근과 주말 근무가 하나의 '문화'가 되는 경우다. 그리고 국내 대기업 중에 이 문화를 가지지 않은 곳이 별로 없다.

앞서 이야기했듯 우리나라의 여러 환경이나 시장 특성상 매니저급의 야근은 어쩔 수 없는 부분이 있다. 그렇지만 우리의 이상한 '집단' 중심 사고와 '알아서 기는' 태도는 사태를 크게 악화시킨다. 임원이 늦게 퇴근하고, 팀장은 임원 눈치 보면서 더 늦게 퇴근하고, 중간 매니저는 이런 분위기에 대해 한 마디도 못하고 그대로 책상에 머물러 있고. 눈치 없는 신입사원이 몇 번 일찍 퇴근했다가 회의실에 끌려가서 사수에게 한 마디 듣고 나면 그 부서는 자연스레 모두 군말 없이 야근을 한다(정확히는 멍때리고 모니터 들여다보면서 팀장 눈치만 보고 있을 것이다). 그 모습을 본 임원이 퇴근하면서 한 마디 한다. "다들 열심히 하는군, 쉬면서들 해." 정작 부서원들이 남아서 무슨 일을 하는지도 모르면서 말이다.

야근을 부르는 건 문화나 눈치도 있지만 또 다른 요인으로는 '빨래'하는 문화가 있다(회사마다 용어는 다르다). 빨래란 보고서 하나를 만들 때 검토에 검토를 무한 반복하는 문화를 말하는 것인데, 관료적 성격이 강한 기업일수록 이 경향이 심하다. 보고서의 내용은 말할 것도 없고 줄맞춤 상태, 폰트 크기까지 따지는 속칭 빨래는 무원칙하고 예측 안 되는 야근과 함께 젊은 직원들의 동기부여를 확실히 깨버리는 요소이다.

보고서를 풍부하고 설득력 있게 만들기 위한 검토 작업은 반드시 필요한 일이지만 웬만한 임원이나 팀장들은 이렇게 깔끔하게 자료를 만들 자신감이 없기 때문에 무한 반복 작업을 하게 된다. 보고서 목차 계속 바꾸기, 그림을 넣었다 뺐다가 다시 넣었다가 다른 그림으로 바꾸기, 표를 썼다가 그래프로 바꿨다가 다시 표로 바꾸기, 과거 10년치 실적으로 했다가 5년치로 했다가 다시 10년치로 하기 등등등. 실무자 입장에서 이런 부분에 대한 윗사람의 지시와 변덕에 맞추다 보면 야근은 도저히 피할 수가 없다. 야근이 회사의 경쟁력을 키우는 방향으로 사용되는 것이 아니라 그저 윗사람의 변덕 맞추기 경쟁이 되어 버리는 것이다.

필자가 직접 겪어본 한 기업은 사장님 보고서의 경우 메인 보고서는 파워포인트 3장 이내인데 뒤에 붙는 참고자료는 200장이 넘었고, 이를 위해 10여명의 부서원 전체가 한 달 동안 100번이 넘는 수정작업을 했다(100번이 넘는다는 것을 아는 것은 보고서의 내용을 크게 수정할 때마다 버전을 달리해서 저장했기 때문이다. 갑자기 새로 만든 것을 버리고

앞서 만든 보고서로 돌리자고 하는 경우가 흔하니 버전 관리를 잘 해야 한다). 이렇게 한 달을 꼬박 야근과 주말 근무로 휴일 없이 달려서 사장님께 보고를 했더니 첫 페이지도 제대로 읽지 않은 사장 왈 '이런 거 왜 검토하냐? 시간 낭비하지 말고 그냥 시킨 거나 잘해!' 하시더란다. 이런 회사에서 WLB 많이 요구해보기 바란다.

얼마 전 친구들과의 술자리가 있었다. 모두 평범한 가정 출신으로 대기업에서 차장, 부장급으로 일하고 있는 직장인들이었다. 소주 한두 잔이 돌고 난 후 이야기 주제는 '왜 우리는 계속 가난한가?'였다.

대기업 월급쟁이, 그것도 차·부장급 정도 되면 가족의 사업 빚, 병원비나 도박 등으로 돈을 날리지 않는 한 절대적 의미의 가난은 벗어나게 된다. 그러나 동시에 주변에 비슷한 연배에서 돈 많은 사람이 얼마나 많은지, 그리고 그들이 얼마나 많이 가지고 있는지도 잘 알게 된다. 항상 문제는 상대적 박탈감이다. 월급쟁이의 삶이란 이런 것이다.

2
취업하지 말라는 건가요?

"우리의 미래가 꼭 찬란해야 하느냐고. 미래는 그냥 미래지, 미래가 왜 찬란해야 되나?"

– EBS–TV "왜 우리는 대학에 가는가" 중에서

　앞에서 필자는 '국내 대기업 직장인 생활을 하면 왜 안 좋은가?'에 대해 이야기했다. 맨 앞에서 밝혔듯 이 책은 취업 가이드를 위한 책이다. 그런데 정작 세부 내용은 회사에 취업하면 인생 망가지니 하지 말라는 투다. 왜 이렇게 되었나?

　남의 돈을 먹는 건 언제나 어렵다. 월급쟁이는 돈 주는 사람이나 조직의 눈치를 봐야 해서 힘들고, 자기 장사를 하는 사람은 고객 눈치를 봐야 하니 어렵다. 때문에 국내 대기업을 다닌다고 해서 더 힘들어야 하는 건 아닌 셈이다. 그렇지만 여기엔 몇 가지 트릭이 있다. 그리고 이 지점이 내가 취업 준비생들에게 해주고 싶은 이야기의 요지이다.

1. 대기업은 당신에게 관심 없다

국내 대기업이건 외국 기업이건 그들이 뽑는 최고의 직원은 동일한 이미지를 갖고 있다. 이것은 바로 기업가 정신, 즉 영어로 '앙트러프러너십entrepreneurship' 이라고 표시되는 것이다. 이 표현은 피고용인이지만 마치 자기 사업을 하는 것처럼 적극적이고 능동적으로 문제를 찾아서 해결하고, 이를 통해 실적을 획기적으로 개선하려는 역량, 태도와 실천을 의미한다.

모든 기업체는 기업가 정신을 갖고 있는 직원을 최고로 친다. 이유는 간명하다. 독자 여러분이 가령 라면을 파는 분식점을 운영한다고 하자. 여러분이 아주 세세한 것—가령 테이블을 닦을 땐 손님이 쓴 물수건으로 닦지 말고 깨끗한 행주를 써라, 김치는 조금만 담아서 내고 남으면 재사용하지 말고 버려라, 고객이 들어오면 웃는 얼굴로 눈을 보면서 인사하라 등—까지 지시하고, 점검하고, 개선하라고 명령해야 하는 경우와 하루에 한 번 잠깐 들러서 발생한 매출에 대해 점검만 하고 나머지는 직원이 모두 알아서 하는 경우를 비교해 보자. 두 사례에서 동일한 매출이 생긴다면 어느 쪽을 선택하고 싶은가? 물을 필요도 없이 후자다. 왜냐하면 편하기 때문이다.

초대형 기업이라고 해도 마찬가지다. 일일이 교육시키고, 관리하고, 점검해야 겨우 실적이 나오는 직원들과 뽑아서 월급만 줬더니 혼자 알아서 돈을 벌어오는 경우가 다를 수밖에 없지 않은가?

여러분이 직장에서 성공하고 싶으면 간단하다. 자기 사업 하듯 하면 된다.

2. 대한민국, 그 단단한 계급사회

자기 사업을 하는 기업가는 결과에 대한 책임을 자기가 지지만 그에 대한 의사 결정 권한도 가지고 있다. 하지만 기업체의 직원은 모든 의사 결정 권한을 가질 수 없다. 그건 남의 돈을 가지고 사업한다는 기업, 특히 주식회사의 기본 속성상 불가능하다.

하지만 CEO는 대단히 막강한 권한을 가진다. 내가 앞서 독재자라고 표현했을 정도의 권한이다. 그리고 일반 직원도 그 막강한 권한을 가진 CEO가 되어서 비록 자기 돈이 직접 들어간 사업은 아니지만

'기업가 정신'을 발휘할 기회를 노려볼 수 있다. 외국 기업의 주식회사는 이게 가능하다.

그렇지만 우리나라 대기업은 이게 불가능하다. 국내 기업에도 전문경영인이 대표이사를 하는데 무슨 소리냐고 하겠지만 필자가 앞서 설명했던 것처럼 우리나라의 전문경영인은 CEO가 아니라 그냥 운영, 즉 수익과 직원관리만을 하고 주요한 의사 결정 권한은 갖지 못하는 COO다. 진정한 CEO는 딱 한 명, 그룹 총수뿐이다. 당연히 혈연이 없는 사람은 CEO가 되지 못한다. 따라서 '기업가 정신'은 자기 돈을 넣은 창업을 하지 않는 한 불가능한 것이 된다. 속된 말로 '마름'이 월급쟁이가 될 수 있는 최고인 셈이다(옛날에 땅을 많이 소유한 사람을 '지주'라고 불렀다. 지주의 땅 일부에서 농지를 빌려 농사를 짓고 산출물을 지주에게 바치고, 일부를 자신의 생존을 위해 쓰는 사람들은 '소작인'이었다. 땅이 넓고 소작인이 많아서 관리하기 어려워지면 지주는 소작인 중 사람을 뽑아 다른 소작인들을 관리하라고 시키고, 지주 몫의 일부를 떼어주었다. 이런 중간관리자를 '마름'이라고 부른다. 마름은 소작인을 쫓아낼 수도 있기 때문에 소작인들에게는 무소불위의 권력자처럼 보이지만, 지주의 눈 밖에 나는 즉시 다시 소작인으로 전락하기 때문에 정말 아무 권한이 없는 사람이기도 하다. 그리고 마름은 땅을 넓히거나 비싼 농기구를 사는 등의 의사 결정을 당연히 할 수 없다. 운영 책임자이지 의사 결정권자가 아니기 때문이다. 내 표현이 심하다고 생각할 수도 있겠지만 IMF를 불러왔던 회사 중 하나였던 한보 회장은 직원들에 대해 '머슴'이라는 표현도 썼었고, 지금도 대기업 임원 중에는 스스로를 '회장님 가문의 마름'이라고 표현하는 분들이 있다).

회사는 '기업가 정신'을 가진 직원을 필요로 하지만 그가 '마름'보다
더 많은 의사 결정을 하고 싶을 때 그 직원은 총수의 권한을 침범하
는 '적'이 된다. 당연히 1순위 퇴출 대상이다(좀 더 자세하고 스펙터클한
대하 실화를 알고 싶은 사람은 인터넷에서 '현대 그룹 왕자의 난'을 검색해보
기 바란다. 지주와 지주 아들들 사이의 권력다툼에 끼어든 마름들의 운명을
볼 수 있다).

3. 그래서 어쩌라고?

　일관되게 계속 이야기하지만 대기업에 취업하지 말라는 말이 아니다. 국내 30대 그룹 정도의 일자리라면 국내에서는 정말 구하기 힘든 수준의 자리가 맞다.

　그렇지만 마냥 목을 걸고, 저기만 가면 다 될 것 같은 꿈 같은 일자리도 아니라는 점을 인식하자는 것이다. 그리고 한계를 명확하게 인식해야 직원으로서 가지는 태도와, 업무가 끝난 후 독립적인 자아로서 가지는 태도가 명확하게 구분되어 일에 매몰되는 워커홀릭에 빠지지도 않고, 구조조정 등으로 회사를 떠나게 되더라도 자존심을 지키면서 자신의 당당한 삶을 살아갈 수 있다.

이를 구분하지 못하면 끊임없이 좀 더 좋은 회사를 찾아 이직을 계속하는 메뚜기처럼 살다가 커리어가 망가지거나, 회사에 대한 기대치가 너무 높아 불만만 제기하는 투덜이가 될 뿐이다.

3
취업 말고 다른 **대안**은 있어요?

"기회는 신선한 음식 같은 거야. 냉장고에 넣어두면 맛이 떨어져. 젊은이에게 제일 나쁜 건 아예 판단을 내리지 않는 거야. 차라리 잘못된 판단을 내리는 게 더 나아. 잘못된 판단을 내릴까봐 아무것도 안 하고 있는 거, 이게 제일 나빠."

– 김영하의 소설 〈퀴즈쇼〉 중에서

앞에서 필자가 이야기한 내용을 정리하면 취직하는 것이 당신의 인생을 성공으로 이끌거나 행복하게 해줄 답은 아니라는 것이다. 대기업이 이런 수준이니 중소기업은 말할 것도 없고, 외국계 기업 역시 정답은 아니다. 그렇다고 2013년 기준 75 대 1을 넘나드는 공무원 시험에 매달리는 것은 미친 짓에 가깝다. 그럼 답이 뭘까?

1. 창업해라. 단, 한 번 망하면 치킨집, 두 번 망하면 노숙자

가장 간단명료한 답은 창업하라는 것이다. 이런 불경기에 취업도 못해보고 창업하라는 게 말이 안 된다고 생각하겠지만 실제 우리나라 벤처 성공률이 5%는 되고, 자영업처럼 소규모로 창업해도 3년 생존율이 절반은 된다. 대기업 취업 경쟁률 100 대 1이나 공무원 시험 경쟁률 75 대 1보다는 훨씬 '인간적인' 수치이다.

이 책이 창업에 대한 가이드라인은 아니니 자세히 다루지는 않겠지만 젊은이들의 창업에 대한 걸림돌은 크게 3가지 정도이다. 차별적 아이디어에 대한 강박, 사업을 시작하기 위한 밑천, 그리고 실패했을 때 대안의 부족이 그것들이다.

1) 차별적 아이디어?

젊은이들의 창업은 어느 날 갑자기 프랜차이즈 편의점을 시작하거나 치킨집을 개점하는 것을 말하지 않는다. 이런 생계형 창업은 늙고 은퇴한 사람들이 하는 것이다.

취업 강연을 가보면 대부분의 대학생들이 3학년 때까지 '아무 생각 없이' 보내다가 3학년 말 정도가 되어서야 부랴부랴 취업준비를 한다고 한다. 그렇다고 3학년 때까지 신나게 놀고 많은 경험을 쌓았느냐 하면 그것도 아니다. 주로 학점관리하고, 영어공부하고, 어학연수 다녀오고, 그 사이에 적당히 놀고, 등록금 아르바이트하면서 시간을 보낸다. 이렇게 시간을 보내고 나면 창업이건 취업이건 쉬울 리가 없다. 강연회를 가서 이런 친구들을 만나면 '정말 아무 생각이 없구나'라는 말이 목젖까지 올라오다 내려간다.

또 창업 동아리 같은 곳에 가서 이야기를 나눠보면 자기의 아이디어면 무조건 성공한다는 무한긍정에 빠져 있는 학생들도 많았다. 그런데 정작 잠재 고객들의 반응이 어떻다든가, 아니면 잠재 경쟁자는 누구이고 어떤 경쟁력 요소를 가지고 있다는 이야기는 별로 하지 못한다. 이들 역시 '아무 생각 없이' 마치 놀이하듯 창업 준비를 하고 있는 것이다. IT 분야의 획기적인 아이디어나 기술이 아닌 이상 이런 식으로 준비하면 투자금 날리고 망하기 십상이다.

대학생 창업에서 참조할 만한 사례는 '총각네 야채가게'의 이영석 사장이다. 1998년 조그마한 동네 야채가게를 시작한 30대 초반의 학벌 없고 돈 없는 젊은이가 10년 만에 매출 600억이 넘는 중견기업으로 성공시킨 사례다. 이영석 사장의 야채가게 성공담은 이미 책과 강연 등으로 많이 알려져 있는데, 가장 눈여겨볼 부분은 '간절함'이라는 키워드다.

20대 초반에 그는 아버지가 돌아가시면서 남긴 빚과 싸워야 했고, 때문에 학교를 그만두고 조그마한 트럭으로 야채 행상을 시작했다. 처음 샀던 과일은 위에만 좋고 아랫부분은 상한, 사기에 가까운 품질의 제품들이었다. 이를 반품하러 갔던 그는 오히려 상인들에게 구타까지 당한다.

이렇게 시작해 무려 6년 동안 트럭 행상을 하던 그는, 당시 정부가 노점상에 대해 규제를 강화하면서 어쩔 수 없이 그간 모은 돈에 빚까지 내어 재건축을 기다리는 아파트 단지의 지하상가에 조그마한 야채 가게를 열게 된다. 더벅머리 총각이 하는 야채 가게는 아주머니들이 오기를 꺼려했고, 매일 저녁마다 남은 야채를 버리면서 그렇게 '총각네 야채가게'는 시작된다.

이 행로를 보면 사업이 본궤도에 오를 때까지 13년이 넘는 시간 동안 그가 얼마나 절박했을지, 얼마나 고통스럽고 서러웠을지가 보인다. 남학생들이 대학교 입학하고 군대 다녀오고 졸업할 때까지 기간의 두 배가 넘는 시간 동안 그는 희망 없는 트럭 행상이었고, 쓰러져가는 상가 지하에 빚을 얻어 가게를 시작한 별 볼일 없는 자영업자였다. 그는 얼마나 간절했을 것인가?

"새벽 1시에 일어나 2시까지 가락동 농산물시장에 갔다. 새벽에 일어나는 것은 지금도 끔찍하다. 알람시계를 5개 맞춰놓고 잠든다. … 여름엔 수박 껍질만 가져와서 껍질이 두꺼워서 얼마 못 먹었다며 교환을 요구하는 손님이 있다. 교환해드리면서 다음엔 제가 직접 농사를 짓겠다고 사과를 했다. … 사골이 국물이 제대로 안 우러난다며 교환하러 오는 손님도 있다. 다른 가게에서는 이런 손님들을 진상 손님이라고 하지만 우리는 상진이 어머님이라고 부른다. 이런 경우들을 수천 번 겪었다. 그때마다 고객들의 요구에 맞췄다."

대학생 중에서 새벽 1시에 일어나고, 잘못된 상품 반품하러 가서 두들겨 맞고, 진상 고객에게 하루 종일 시달리고, 머리 조아리고, 그러면서도 기어이 성공하겠다는 사람이 몇이나 될까?

성공한 창업자 대부분은 몸에 밴 간절함을 가지고 있다. 차별적 사업 아이디어는 아이디어 자체가 아니라 대체로 '평범한 아이디어의 차별적 실행'에서 나온다. 자다가 갑자기 머릿속에 떠오른 생각만 가지고 사업을 시작하면 99% 망한다. 이렇게 노력할 자신이 없으면 얌

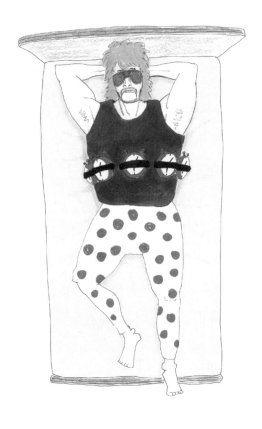

전히 중소기업에라도 취업해서 사는 게 현명하다(지금은 대기업으로
성장한 IT 벤처 중 일부는 실행력보다는 아이디어 그 자체에 의존해 시작한
것이 맞다. 그러나 그들 기업이 시작하던 때는 개국 이래 가장 많은 벤처가
생겨났고, 수많은 벤처캐피탈 등의 자금 지원처, 그리고 정부의 전폭적 지
원이 있던 때이다. 진정 이런 아이디어를 가지고 있다면 무슨 수를 써서라도
실리콘밸리로 가라. 지금 한국의 벤처 지원 시스템으로는 죽도 밥도 안 된
다. 카카오톡은 정말 통신 분야에서 아이폰 덕분에 대기업의 독과점 구조가

순간적으로 붕괴된 상태였고, 정부는 무슨 일이 진행되고 있는지 전혀 눈치 채지 못해 아무것도 안 했기 때문에 성공이 가능했던 경우다).

2) 사업 자금? 차라리 당당하게 빌려라

부모님이 수십 억원대의 자산가이고, 그 재산을 나눠가져야 할 형제가 많지 않다면 굳이 이 책을 읽지 않아도 된다. 반대로 이영석 사장과 같은 환경이어도 역시 이 책을 읽지 않아도 된다. 당장 호구지책을 위해 간절함으로 승부를 봐야 할 테니 말이다.

문제는 이도 저도 아닌 중간에 끼여 있는 학생들이다. 부모님이 등록금까지는 어느 정도 지원해주셨지만 창업하겠다고 몇 천 만원 달라고 하기에는 부담스러운 상황의 집안을 가진 학생들. 이런 학생들은 없는 사업 자금을 무리해서 만들겠다고 하는 경우에 문제가 생긴다. 맨주먹으로 1천만원 만들기는 정말 어렵다. 아이템에 따라 다르겠지만 사업을 시작하려면 최소한 수천만원의 돈이 필요한데 한두 달의 노력으로는 절대 불가능한 금액이고, 자칫하다가는 목돈 만들려다가 지쳐버려서 창업이고 뭐고 다 포기하거나 큰 피해와 상처만 입게 된다.

'거마 대학생'이라고 알려진, 다단계에 빠져 돈 날리고 시간 날리고 피폐해져 버린 대학생 중 상당수가 창업에 필요한 종자돈을 만들기 위해서였다고 한다. 이들 중 정말 집이 가난했던 학생들은 그들의 지혜 없음은 안타깝지만 그래도 이해라도 된다. 그런데 거마 대학생 중 상당수가 평범한 가정 출신이었다. 취업 준비하다가 제대로 안 되니까 한 방에 창업자금을 마련하려는, 자기 편할 대로 생각했던 중산층 학생들이다(실제는 창업자금이 목적이 아니고 그냥 돈 한 번 대박으로 벌어보겠다 정도였겠지만).

사업 자금을 마련하는 가장 좋은 방법은 부모님께 '빌리는' 것이다. 여기서 오해하면 안 되는 것은 '빌린다'의 의미다. 부모님 돈은 내 돈이라는 태도로는 당연히 창업 후 바로 망할 것이고, 부모님의 시혜를 갈구하는 것도 사업을 하겠다는 태도가 아니다. 말 그대로 부모님께 빌리는 것이다. 사업계획서 제출하고, 자금 소요 내역과 집행 계획서도 제출하고, 예상 수익 발생 시점과 규모도 말씀드리고, 이자 지급 계획도 말씀드려야 한다. 그리고 정식으로 차용증을 쓰고, 계획대로 사업이 진행되지 않을 경우 어떻게 할 것인지에 대한 계획도 말씀드릴 수 있어야 제대로 창업을 하겠다는 태도다. 이 정도로 부모님께 설명할 수 있으면 여러분의 창업은 큰돈은 못 벌지 몰라도 절대로 삽시간에 말아먹고 자금을 더 지원해달라고 하는 사태까지는 이르지 않는다.

부모님이 자금을 빌려줄 여력이 안 된다고 해도 최근 들어서는 청년창업지원센터 등이 여러 지자체에 있고, 벤처캐피탈도 조금씩이나마 늘어나는 추세다. 또 여러 명이 조금씩 돈을 모아서 진행하는 협동조합 형태로 출발하는 창업에 대한 지원도 생겨나고 있다.

앞서 언급한 자세한 사업 계획은 이들 기관들에게 지원을 받을 때도 반드시 필요하고, 실제 창업한 후에 사업을 운영하기 위해서도 필수적이다. 이 정도를 대학생이 어떻게 준비하느냐는 질문은 하지 말기 바란다. 이 정도도 준비하지 못할 창업 준비자라면 그냥 월급쟁이로 사는 게 답이다. 그 정도 각오로는 절대 창업해서 성공 못한다.

4
좋은 회사도 있지 않나요?

"장미꽃은 가시와 가시 사이에 피어난다."
– 탈무드 격언

내가 앞에서 지적한 여러 가지 문제점은 '총수' 체제와 군대문화가 결합되어 발생하는 것이기에 총수가 없는 몇몇 기업을 제외하면 거의 비슷하다. 심지어 총수가 없어도 이런 문제점을 가진 기업도 많다 (과거 공기업이었다가 민영화된 대형 회사들의 기업 문화를 검색해보기 바란다).

그렇지만 취업 초기에 신입사원 입장에서는 회사별로 차이가 꽤 크게 느껴질 수 있다. 흔히 알려져 있는 '꼼꼼한 삼성, 진취적인 현대, 세련된 SK'와 같은 기업의 문화에 따른 차이다(이러한 기업 간의 차이가 결국 별 의미 없음을 깨닫는 데까지는 최소 5년 이상의 경력이 필요하다. 과장급 정도가 되면 결국 그 놈이 그 놈인 게 명확해진다. 다만 수령하는 월급의 차이만 있을 뿐이다).

아무튼 신입 때는 이런 기업 문화에 대한 이해가 중요하다. 왜냐하면 자칫 안 맞으면 커리어가 시작부터 꼬이기 때문이다. 또 자세히 파악하면 할수록 자기소개서와 면접시 유리하기 때문에 취사선택을 위한 이해뿐 아니라 취업 자체를 위해 반드시 필요한 사안이기도 하다. 다만 기업 문화는 밖에서 바라보는 사람이 제대로 알기가 쉽지 않다는 점에서 많은 노력을 요한다.

여기서는 사전에 어떤 정보를 어떻게 입수해서 회사와 내가 맞는지를 정리하는 방법에 대해 소개한다. 이 작업이 잘못되면 입사 후 3개월도 안 되어 취업 사이트를 들락거리는 자신을 발견하게 된다.

1. 도대체 회사에 대해 아는 게 뭐지?

개별 회사의 문화에 대해 이해하려면 무엇을 알아내서 어떻게 평가해야 하는지, 그리고 '다니고 있는 직원' 입장에서 볼 때 어떤 장단점이 있는지를 파악하는 방법에 대해 알아야 한다.

이런 조사는 단순히 그 회사에 대한 이해라는 측면에서만 도움이 되는 것이 아니라, 면접에서도 큰 힘을 발휘한다. 조사 기간이 길고 충실할수록 면접관도 이 사람이 우리 회사에 관심이 많구나 하고 느끼게끔 되어 있다. 자신이 재직하고 있는 회사에 관심 많은 사람을 뽑고 싶은 게 인지상정이다.

1) 뭐하는 회사인지를 파악하는 것은 기본 중의 기본

경영 분야에서 유명한 말 중에 '업業의 본질'이라는 표현이 있다. 그 사업이나 회사가 무엇으로 돈을 버는가에 대한 질문이다(소위 말하는 '사업 모델business model'이라는 표현도 결국 같은 뜻이다).

잘나가는 회사는 업의 본질이 명확하고, 한 문장 심지어는 한 단어만으로 그 회사의 사업을 설명할 수 있다. 반면 흔들리는 회사는 업의 본질이 명확하지 않거나 시장의 변화와 업의 본질이 서로 달라 시장에서 도태되는 일을 겪게 된다.

직장 다니는 선배들에게 물어보면 알겠지만, 취업 전에 생각한 그 회사가 하는 일과 실제 들어와서 하게 되는 일이 너무 달라 당황했던 경험들은 거의 모든 직장인이 가지고 있다. 취업 전에 그 회사의 업의 본질을 제대로 파악하지 못한 것이다.

무엇을 하는 회사인지에 대해 이해하는 것이 이 때문에 중요하다. 그리고 그릇이 깨어지면 안에 있는 계란도 위태로운 법이기에 시장의 변화와 그 회사가 추구하는 업의 본질이 같은지도 사전에 확인을 할 필요가 있다(2007년쯤 건설업체에 취업한 신입사원들 중 많은 숫자가 2008년 금융위기와 부동산 침체가 시작되면서 오도 가도 못하는 신세가 되었다가 결국 회사의 파산 또는 구조조정과 함께 노동시장으로 다시 밀려나왔다. 이건 개인의 잘못이라고 할 수 없는 일이지만, 그 고통을 겪어야 하는 것은 결국 개인이다. 업의 본질과 시장에 대해 이해해야 하는 건 바로 이런 문제 때문이다).

여러분이 충분히 알 만한 회사 3곳을 대상으로 그 회사의 업의 본
질을 살펴보자. 단순 이해보다도 이런 연습을 통해 나중에 자신이 지
원하는 회사를 선택했을 때 그 회사에 적용해 보는 게 중요하다.

 Case 6 업의 본질에 대한 사례

A. 백화점

가령 신세계백화점은 뭘 해서 돈을 벌까? 물품 판매? 접객 서비스? 다
양한 생각이 들겠지만 우리나라 백화점을 요약하면 '임대업'이다.

백화점이 유통업이 아니고 임대업이라니? 보통 임대업이라고 하면 나

이든 아저씨가 빌딩 하나 사서 상점에 세놓고 월세 수금하러 다니는 일 아니던가? 맞다. 이게 임대업이다. 그리고 그렇기 때문에 국내 백화점들은 물건을 사서 파는 유통업이 아니라 임대업이다.

임대업의 기본은 우선 목 좋은 곳에 건물을 짓고, 그곳에 상점들을 모아서 돈 벌게 해주고 그 대가로 건물 공간에 대한 사용료를 받는 것이다. 동대문에 있는 여러 패션 전문 건물들이 대표적인 임대업이다. 반면 유통업은 자기가 좋고 싸다고 생각한 물건을 사서 재고로 쌓아놓고 있으면서 수요자가 오면 자기 마진을 붙여서 파는 것이다.

그런데 국내 백화점들의 자기 재고 판매 비율은 10~20% 수준에도 못미친다. 나머지 80~90%는 백화점의 매장을 임대한 업체가 재고로 가지고 있다가 판매가 이뤄지는 시점에 백화점 재고였던 것처럼 회계적으로 처리하는 것뿐이다(이런 판매를 '특정매입'이라고 한다. 이 제도 하에서 안 팔리는 재고는 당연히 백화점의 문제가 아니라 입점 업체의 책임이다. 특정 매입이 100%라면 백화점은 제품이 안 팔려 재고로 남을 위험성이 전혀 없는 셈이다. 재고 부담 없는 장사야말로 모든 장사꾼의 꿈인데 국내 백화점들은 이를 실현하고 있는 것이다).

목 좋은 곳에서 높고 큰 건물에 화려한 인테리어로 사람을 모으는 일은 백화점이 하는 일이지만 정작 그 안에서 판매되는 물품에 대해서는 재고 리스크를 전혀 지지 않는다. 빌딩을 세놓는 임대업자 역시 목 좋은 곳에 좋은 모양새를 갖춘 건물을 운영하지만 그곳에 세든 상점의 판매는 책임지지 않는 것과 같은 것이다(유통업이라면 판매는 자기 책임이다. 당연히 재고가 남는 위험도 자기 책임이다).

유통업이 본질일 경우 이 업체는 매입가를 낮추고 마진을 높일 방법과 재고 판매 속도를 높일 방법을 고민해야 한다. 하지만 임대업이 본질이라면 어떻게 목 좋은 곳에 건물을 확보할 것이며, 좋은 브랜드의 매장을 입점시킬 것인가를 고민해야 한다.

실제로 미국의 백화점들은 특정매입 제도를 운영하지 않아 판매하는 물건은 100% 자기 재고이다. 때문에 운영비를 낮추기 위해 고용되는 직원 수를 줄이고, 재고 회전율을 높이기 위해 좋은 물건을 싸게 파는데 집중한다. 미국의 백화점에 가면 판매 사원이 거의 없고, 기본 가격이 낮은 이유가 그것 때문이다.

반면 국내 백화점들은 임대업이기 때문에 유명한 브랜드를 입점시켜 비싸게 팔도록 만드는데 집중한다(우리나라 백화점의 임대료는 특정매입 제도에 의해 고정 금액이 아니라 매출의 일정 비율을 수수료 수입으로 받는 구조이기 때문이다). 동일한 브랜드 제품에 대해 미국 백화점의 판매가와 우리나라 백화점의 판매가가 큰 차이가 나는 것은 서로 영위하는 업종이 다르기 때문인 것이다. 많은 사람들이 우리나라 백화점 가격이 비싸다고 욕하지만 임대업을 하는 업자에게 물건 비싸게 판다고 소리쳐 봐야 귀에 들리기나 하겠는가?(우리나라 유통업체가 전반적으로 매우 비싼데 그 이유 중 하나가 백화점에게 특정매입 같은 희한한 제도를 용인하는 법규 때문이다. 특정매입을 금지시키면 백화점은 자기 재고로 팔아야 하고, 재고는 장기 재고가 되기 전에 파는 게 무조건 유리하기 때문에 가격을 낮춰서라도 처분하게 되어 있다. 우리나라는 다리나 건축물만 부실한 게 아니고 법규나 행정도 대단히 부실히다. 특정매입 같은 경우 일본의 유통업법을 그대로 복사해와서 그렇다. 하지만 정작 일본 백화점들은 이제 특정매입을 거의 하지 않는다).

B. 삼성전자 & 애플

삼성전자나 애플 모두 소비자 IT 분야에서 하드웨어 중심의 판매를 통해 돈을 버는 회사라는 점에는 차이가 없다. 하지만 소비자들이 어떻게 하드웨어를 사게 하느냐에서 두 회사는 대단한 차이가 있고, 이 부분에서 업의 차이가 나오며, 그 때문에 두 회사 직원들이 중점을 두는 업무 성격도 다르다.

삼성전자의 매출은 거의 대부분 하드웨어 판매에서 나온다. 핸드폰, 노트북, 프린터, TV 등 각종 가전제품 같은 소비재Business to consumer, B2C와 반도체, 네트워크 장비, 시스템 에어컨 같은 기업체 대상 제품Business to business, B2B들이 주력 매출원이다. 이렇게 보면 B2B를 제외하면 핸드폰과 아이패드, 노트북 등 컴퓨터를 중심으로 파는 애플과 큰 차이가 보이지 않는다. 그런데 두 회사의 B2C 제품을 파는 방식이 상당히 다르다.

국내에는 삼성이 소비자들에게 직접 판매하는 채널이 있다. 삼성 디지털프라자가 그 역할을 한다. 그러나 주력 매출은 대부분 B2B 판매에서 나온다. 가령 핸드폰 같은 경우 통신사에 판매를 하고, 국내 매출보다 훨씬 큰 미국 시장에서는 베스트바이 같은 유통사에게 판매를 한다(미국의 유통사는 자기 재고를 매입해서 소비자에게 판다고 앞에서 설명했다). 삼성은 B2C 제품을 생산하지만 B2B의 형태로 판매하는 것이다.

반면 애플은 2000년대 초반 애플 스토어를 만들면서부터는 유통업체를 통해서 판매하기보다는 자사 스토어를 통해 직접 소비자를 상대한다.

또 자사 웹사이트, 앱스토어, 아이튠스 등 자신들이 운영하는 온라인 사이트의 영업 역시 활발하다(정확한 수치는 확인이 안 되지만 애널리스트들에 따르면 애플이 자사 유통망을 통해 판매하는 비중이 외부 채널을 통해 판매하는 비중과 거의 같다고 한다. 통신사를 통한 판매 비중이 높은 아이폰을 포함해서 그렇다). 때문에 애플은 B2C 제품을 만들어 B2C의 형태로 판매하는 업을 하는 회사라고 할 수 있다.

경영학개론 수업만 들어도 알 수 있는 내용 중 하나가 B2B 회사와 B2C 회사는 거의 모든 면에서 다르다는 점이다. 전략도 다르고, 운영 방식이나 중점 사항도 다르며, 그래서 직원들의 태도도 다르다. 가령 IT 분야에서 세계 최고 기술력을 가진 것으로 평가받는 IBM의 경우 아예 소비재가 하나도 없는 완전한 B2B 회사인데(마지막 소비재이던 노트북 사업은 중국 레노보에 매각했다), 이런 덕분인지 보수적이고 딱딱한 기업 문화를 가지고 있다. 1980년대 어두운 색 양복에 흰 셔츠만 입을 수 있던 소위 '빅 블루Big Blue' 시절의 문화보다는 많이 부드러워졌지만 여전히 다른 IT 회사에 비해서는 매우 딱딱하다. B2B의 사업 성격상 신뢰성과 안정성이 재기발랄함, 자유분방함 같은 가치보다 중요하기 때문에 그렇다. 이에 맞춰 직원들 역시 정장에 넥타이를 매는데 익숙하고, 많은 자료와 빡빡한 제안서를 작성하는 작업을 주로 한다(IBM 직원들이 보수적인 문화로 유명한 은행 사람들과 같이 앉아 있으면 누가 은행가이고 누가 IT 회사 직원인지 분간이 안 갈 정도로 닮았다).

삼성이 TV와 핸드폰으로 B2C의 강자가 되기는 했지만 여전히 매출의 절반 이상은 반도체와 같은 부품, 즉 완전한 의미의 B2B 사업에서 나오

고, B2C 제품 역시 주로 B2B 형태로 판매하기 때문에 B2B 업체 특유의 딱딱하고 보수적인 문화를 가지고 있다.

더불어 삼성은 외부에 생산을 위탁하지 않고 내부에서 거의 모든 제품을 생산하는, 완전수직통합full integration 되어 있는 제조업체이다. 그것도 100만 개 생산에 3.4개만 불량이면 최고라는 식스시그마의 기준 정도는 비웃을 정도로 강력한 생산성을 자랑하는 제조업체이다.

전통적으로 제조업체는 상명하복의 위계가 아주 강하다. 약간만 실수해도 불량품이 쏟아지고, 그 순간 수십 억원의 수익이 날아가 버리는 사업이 제조업이기 때문이다(삼성전자 반도체사업부 매출이 연간 대략 40조원 수준이다. 하루에 1,100억원어치를 판다는 말이다. 만약 삼성전자 직원의 실수로 공장이 하루 멈춰 서게 되면 1,100억원이 날아간다. 10일만 멈춰도 손실이 1조원을 넘는다). 삼성은 제조, 그것도 아주 초정밀의 제조 라인을 운영하며, 대부분의 매출을 B2B에서 올리는 회사인 것이다.

삼성에서 정말 세상을 뒤흔들 만한 아이디어나 신제품이 나오지 않는 것은 이 회사가 세상을 뒤흔들 필요가 없는 제품을, 소비자들과 상관없이 팔 수 있는 채널에 판매하는 회사이기 때문이다. 따라서 삼성 보고 애플만큼의 창의력을 갖추라고 요구하는 것은 삼성의 업의 본질을 제대로 파악하지 못하고 던지는 요구이다.

이런 특성 때문에 삼성전자에 취업할 경우 그 보수적이고 엄격한 분위기에 화들짝 놀라게 된다. 원래 삼성은 엄격한 관리로 유명한 그룹이지만 삼성전자는 거기 덧붙여 B2B 판매를 위주로 하는 제조업체이기 때문에 훨씬 더 딱딱할 수밖에 없는 것이다. 소비자들을 대상으로 한 광고를 기획하고 집행하는 마케팅 부서는 조금 다른 분위기일 수 있지만 대부분의 부서는 애플의 동일 부서와는 완전히 다른 분위기에서, 완전히 다른 성격의 업무를 하게 된다.

C. BMW 코리아

요즘 우리나라에서 가장 잘나가는 외국 자동차 업체인 BMW 코리아의 업의 본질에 대해 간단히 살펴보자. BMW 본사는 넓게 보면 자동차를 제조해서 판매하는 회사이니 B2C 제조회사이다. 그 회사의 한국 판매법인인 BMW 코리아는 제조업 기반은 없고, 자동차를 수입해서 판매하니 B2C 판매회사 정도로 인식되기 쉽다.

그런데 여기에 몇 가지 트릭이 있다. 우선 BMW 코리아가 독일 등에서 BMW 차량을 한국에 수입해오는 회사는 맞다. 그런데 이 회사의 1차 고객은 소비자가 아니다. 무슨 말인가 하면 BMW 코리아와 소비자 사이에 다른 회사가 존재한다는 뜻이다. 이렇게 중간에서 수입상에게 자동차를 받고 소비자에게 판매하는 회사를 '딜러'라고 한다.

소비자 대상 마케팅은 BMW 코리아가 수행하지만, 개별 소비자에게 제품을 보여주고 이를 판매하는 것은 BMW가 아니라 딜러들이 한다(BMW 매장을 잘 들여다보면 BMW 이름 대신 'xx 모터스'라는 이름이 붙어 있다. 모두 딜러 회사의 이름이다).

이런 상황에서 만약 당신이 BMW 코리아에 관심이 있을 경우 지원이 가능한 직종은 주로 무엇일 것 같은가? 당연히 마케팅 직군과 딜러망을 관리하는 대리점 영업 직군이 많을 것이다. 때문에 소비자 대상 각종 프로모션이나 매장 연출 같은 현장 중심의 마케팅에 관심이 있다면 BMW 코리아는 적절한 선택이 아닌 셈이다. 반면 브랜드 관리, 매체 마케팅 등에 관심이 있다면 BMW는 아주 좋은 선택이 된다. 이렇듯 업의 본질에 따라 지원이 적절한 직종이 바뀐다.

두 번째로 인식할 것은 매년 20%가 넘는 판매량 증가를 보여온 BMW 코리아가 적자를 기록하고 있다는 것이다. 이게 말이 되나 싶겠지만 2012년과 2013년에 BMW 코리아는 실제로 적자다. 이를 제대로 이해하기 위해서는 '비용 센터 Cost Center'라는 개념과 'BMW 파이낸셜 서비스 코리아'라는 회사를 알 필요가 있다.

자동차는 큰돈이 들어가는 물건이기 때문에 현금으로 한 번에 내지 못하고 할부로 구매하는 경우가 많다. 고객이 BMW 차량을 할부로 구매할 때 개입해서 돈을 빌려주는 회사가 BMW 파이낸셜 서비스 코리아이다. 기업체에서 필요한 차량을 장기 리스할 때도 이 회사가 개입한다. 자동차를 파는 BMW 코리아가 1,300억원의 매출 이익(매출액에서 제품원가를 뺀 금액)을 올릴 때 BMW 파이낸셜 서비스 코리아는 800억원대의 매출 이익을 소리 소문 없이 올리고 있다.

BMW 코리아는 각종 수입 부대비용, 재고 관리 비용, 그리고 소비자들을 대상으로 하는 많은 행사 및 매체 마케팅 등에 매년 300억원 이상의 돈을 사용한다. 1,300억원이라는 매출 이익이 커 보이지만 이 금액에서 앞서 언급한 각종 비용과 딜러들에 대한 판촉 지원, 인건비 등을 제외하고 나면 충분히 적자가 발생할 수 있는 것이다.

반면 BMW 파이낸셜 서비스 코리아는 금융 상품 운영에 따른 리스크 정도를 제외하면 큰 비용 발생 부분이 없기 때문에 훨씬 높은 수익률을 기록할 수 있다. 금융 상품의 개발과 운영만 진행하기 때문에 아마도 BMW 코리아보다 훨씬 적은 수의 직원들로 운영하고 있을 것이다. 수익률은 높고, 인원수가 훨씬 적다면? 단언컨대 BMW 파이낸셜 서비스 코리아 직원들의 평균 연봉이 훨씬 높을 것이다.

일반적으로 자동차회사가 생산/영업 회사와 파이낸싱 회사를 분리해서 운영하는 이유는 마케팅을 위한 '눈 가리고 아웅'의 목적과 인건비 관리 목적에서 비롯된다. 자동차회사의 이익 중 큰 부분을 차지하는 할부, 리스 판매 수익을 파이낸싱 회사로 넘김으로써 모회사는 수익을 얼마 올리지 못하는 것처럼 보이게 된다. 심한 경우 BMW 코리아처럼 적자를 올리는 경우도 생긴다.

소비자에게 노출이 잘되는 자동차회사의 작은 이익은 소비자들에게 '이익이 작은 걸 보니 저 회사는 소비자들에게 바가지를 씌우지는 않는구나'라는 느낌을 줄 수 있다. 사람들에게 자동차는 집 다음으로 큰돈이 들어가는 소비라서 아무리 싸다고 해도 가격이 부담스럽다. 그런 상황에서 자동차회사의 영업 이익률이 너무 높으면 소비자들에게 욕먹기 십상이고, 신제품 출시 때 가격을 올릴 경우 큰 비난을 받기도 한다. 지난 몇 년간 현대자동차의 영업 이익률과 이에 대한 댓글들을 읽어보면 쉽게 이해할 것이다.

보통 금융 계통에서 일하는 직원들의 인건비는 높다. 생산직, 영업직처럼 금융직보다 인건비가 낮은 직원들이 많은 자동차회사의 입장에서 괜히 비교대상을 만들어 다른 직원들의 월급 올려달라는 요구에 시달릴 이유가 없기 때문에 파이낸싱 회사는 분리 운영하는 게 훨씬 편하다. 이런 경우 모회사인 자동차회사는 비용 소비 역할을 수행하는 비용 센터처럼 되고, 파이낸싱 회사는 수익을 벌어들이는 '수익 센터Profit center'처럼 된다. 비용 센터는 돈을 벌지 않고 비용만 집행하기 때문에 작은 경비 집행에도 엄격하다. 당연히 인건비처럼 큰 지출 항목에는 아주 민감해진다. 때문에 보너스 등도 적게 줄 수 있다. 본사 입장에서 아주 땡큐한 상황이 되는 것이다(현대자동차는 우리나라 제조업체 중 최고 월급을 주는 회사로 알려져 있다. 경영진은 이런 생각을 가지고 접근하기 때문에 노동자들은 당연히 노조를 만들어 강력히 대항한다. 현대자동차 노조는 예전부터 강성 노조로 유명했고, 실제로 외국의 자동차회사 노조들도 대부분 강성이다. 덕분에 실제 월급은 위의 논리적 추론보다 높은 경우도 많이 생긴다).

BMW 코리아의 공시 내용이 별로 없어서 세부 자료를 확인할 수는 없지만 2013년 판매가 크게 늘었다고 해도 회사에 적자가 생기는 상황에서 직원들에게 보너스를 크게 주지는 못했을 것이다. 대부분의 외국계 자동차 한국 법인이 현대자동차보다 월급이 훨씬 낮다고 알려져 있는데, 만약 적자로 인해 보너스도 적었다면 직원 입장에서는 썩 만족스럽지는 않은 한 해였을 것이다. BMW 코리아의 설립 이래 최고의 판매 수량과 매출액을 기록한 해인 데도 말이다. 회사의 업의 본질을 잘 생각해봐야 하는 건 이런 이유 때문이다.

2) 회사를 둘러싼 산업을 이해하자

회사에 대해 이해하는 건 힘든 과정이다. 10여년 이상 일한 직원들도 자신이 재직하고 있는 회사에 대해 잘못 이해하고 있는 경우가 흔할 정도로 회사를 충분히 안다는 것은 어렵다. 증권사 애널리스트처럼 회사 분석을 담당 업무로 하는 직업이 있다는 것은 그 일이 가진 어려움을 대변한다.

그렇다고 지원자 입장에서 회사 이해를 포기할 수는 없는 것이고, 위에서 이야기한 업의 성격에 대해 파악해보는 것이 좋은 첫걸음이다.

두 번째로 시도해볼 방법은 그 회사를 둘러싼 산업의 속성과 경쟁 구도를 이해하는 것이다. 흔히 전략 컨설팅에서 산업지형분석Industry Landscaping이라고 부르는 연구 방법이다.

사실 이 방법도 학부생 수준에서 쉽게 할 수 있는 일이 아니다. 사회에 나와 보면 좀 더 자세히 알게 되겠지만 각 산업별로 산업의 특성에 대해 연구하는 전문 연구 기관들이 여러 개 있고, 거기에 수십~수백 명의 연구자들이 연구를 수행한다. 그리고 이들이 다시 십수 년을 노력해야 겨우 이해되는 것이 하나의 산업이다.

신입사원 지원자가 이 정도의 분석과 이해를 하라는 뜻은 당연히 아니다. 그렇지만 지원 시점이 되어서 한 산업에 관심을 가진 경우와 6개월 이상 꾸준히 관심을 갖고 자신이 지원할 산업에 대해 살펴본 지원자 사이의 내공 차이는 면접자리에서 아주 크게 느껴진다. 질문 1~2개 던져보면 그냥 확 느껴진다. 신입사원이 해당 산업에 대해 반드시 잘 알고 있을 필요는 없다고 하지만, 막상 너무 모르면 다른 능력이 아주 출중하지 않는 한 별로 뽑고 싶어지지 않는다. 산업 연구의 필요성은 바로 이 부분에 존재한다.

그리고 하나 더. 하나의 산업에 대해 꼼꼼히 조사하다 보면 어느새 그 산업에 종사하는 사람들이 사용하는 용어에 익숙해지고, 그 산업의 사람들이 알고 있는 대표적인 수치 자료에 대해서도 알게 된다. 그 산업에서 일해 봤던 사람처럼 행동하고 말하는 가장 쉬운 방법이다. 이와 같이 산업 용어의 적절한 구사는 지원자가 가진 어설픈 자격증 같은 것보다 훨씬 깊이 있다는 느낌을 준다. 즉 지원자가 '정말로 여기에 오고 싶어 하는구나'라는 메시지를 만드는 셈이다.

지금 살고 있는 동네의 지도를 만든다고 생각해보자. 어느 정도의 지역을 지도에 넣을 것이냐를 우선 결정해야 한다. 그저 앞집, 옆집 정도 표시하는 것이라면 지도가 필요하지 않을 것이고, 서울 전체가 된다면 너무 커서 동네 지도라고 부르기에는 맞지 않는다. 즉 적절한 범위에 대한 기준이 우선 만들어져야 하는 것이다. 다음엔 그 범위 내의 큰 건물이나 지하철역 등 주요 지점들을 머릿속에 떠올릴 것이다. 그리고 그 지점들 사이의 상대적 위치를 표시하고, 이들을 연결하는 도로망을 그려 넣게 되면 지도가 얼추 완성된다.

산업과 회사에 대해 이해하는 과정도 비슷하다. 일단 지원하는 회사의 업의 본질을 통해 파악된 그 산업은 내가 살고 있는 동네가 된다. 그 산업에 주요한 업체들이 지도의 큰 건물들이 되고, 각각 어떤 식으로 영향을 주고받느냐를 정리하는 것이 도로를 그려 넣는 일이다.

산업지형분석을 위해 가장 먼저 할 일은 산업을 정의하고 그 규모를 추정하는 일이다. 즉 지도에 그려 넣을 동네의 범위를 결정하는 일이다. 가령 당신이 아모레퍼시픽이라는 화장품 회사에 지원한다고 생각해보자.

아모레퍼시픽은 화장품으로 유명한 회사이기에 화장품 산업을 분석 대상으로 삼을 수 있겠다. 신문기사 등을 찾아보면 우리나라 화장품 시장은 소매 판매액 기준으로 대략 10조원 규모라고 한다. 그런데 아모레퍼시픽은 화장품 제조회사이다. 그럼 아모레퍼시픽은 직접 소비자에게 판매를 할까, 아니면 누군가 중간자를 통해 판매를 할까? 여기 저기 기사들과 블로그 등을 클릭하며 정보를 모아보면(사실 여성들은 자연스럽게 알고 있는 것이겠지만) 10조원의 시장은 G마켓 등 여러 온라인몰에서 판매되는 3조원, 화장품 제조사가 직접 운영하는 매장에서 판매하는 2.5조원, 백화점 1조원, 올리브영 등의 드럭스토어 0.7조원, 마트·홈쇼핑·방문판매 등이 나머지로 구성된다는 걸 알 수 있게 된다. 또 제조사가 직접 운영하는 매장은 크게 직영점과 대리점 등으로 구분되는 것도 알 수 있게 된다.

이런 산업구조에서 당신이 아모레퍼시픽의 영업을 지원하게 된다면 아주 높은 확률로 대리점 매장 판매 관리 또는 온라인 판매 관리를 하게 될 것이다. 그 다음 확률로는 마트 내 매장의 영업 관리를 하는 것일 수도 있겠다(실제로 화장품 산업은 이보다 훨씬 복잡한 동학이 작동한다. 가령 오픈 마켓 중심인 온라인 시장은 제조사 입장에서 자신들이 원하는 가격대보다 훨씬 낮은 가격에 판매가가 형성되기 때문에 적극적으로 진출하려고 하지 않는다. 그러나 물건을 제조사에게 재고 형태로 받아와서 팔아야 하는 대리점 입장에서는 재고가 오래 남으면 현금이 묶여 힘들어지기 때문에 일정량을 싼 가격에라도 팔아 치워야 한다. 제조사는 대리점이 너무 낮은 가격에 팔지 못하게 통제하려 하고, 대리점은 본사 눈치를 보면서 몰래 온라인에 싸게 팔아치우는 일들이 벌어진다. 온라인 쇼핑몰에 가끔 나오는, 다른 매장 대비 월등히 낮은 가격의 상품은 대략 이런 과정으로 나오는 것이다. 당신이 제조사의 대리점 영업 담당일 때 이런 일이 생기면 어떻게 대처할 것인가? 남양유업의 영업사원처럼 대리점에 전화해서 '이렇게 싸게 팔면 안 된다'고 협박할 것인가? 신입사원 지원자가 이런 내용까지 알고 있으면 좋겠지만 적당히 모르는 편이 사실 지원하고 싶은 의욕을 유지하는 데는 도움이 되기도 한다).

만약 마케팅 지원자라면 이런 각각의 영업 판매망(흔히 '채널'이라고 한다)에서 제품이 목표로 하는 타깃 고객들에게 동일한 메시지를 전달할 수 있도록 노력하는 일들을 하게 될 것이라는 걸 짐작할 수 있다. 가령 신제품에 유명한 모델을 썼는데 그 모델의 대형 배너 그림을 대리점에는 쓸 수 있지만 마트 등에서는 매장 크기의 차이에 따른 공간 제약 때문에 못쓰게 하는 경우 계획했던 마케팅 효과가 감소하게 된다. 마케팅 담당자는 마트 채널의 불만을 넘지 않는 선에서 광고 모델의 사진이 마트의 매대賣臺에도 걸릴 수 있게 머리를 써야 하는 것이다.

위의 약간 복잡해 보이는 이야기를 한 번 정리해보자. 우리가 한 것은 자신이 지원하고자 하는 회사가 파는 상품의 시장 규모와 그 주요 채널의 규모에 대해 잠깐 알아본 것뿐이다. 그렇지만 이 과정에서도 많은 정보가 나왔고, 이 정보에 기반해볼 때 몇몇 직군이 어떤 일을 하게 될 것인지 짐작을 할 수 있었다.

산업을 볼 때 판매 구조 이해만큼 중요한 것이 내가 지원하는 회사와 경쟁하고 있는 업체에 대해 아는 것이다. 이 과정 역시 지원자에게 매우 중요한데, 가령 화장품에 정말 관심이 많다면 P&G, 아모레퍼시픽, LG생활건강 같은 대형 업체에 지원했다가 탈락했을 경우 미샤나 스킨푸드 같은 중소기업에라도 취직해야 한다. 이게 가능하려면 평소에 어느 정도는 산업 내 여러 업체를 알고 있어야 하기 때문이다(만약 대형 3개 회사에 지원해서 탈락했고, 미샤나 스킨푸드는 중소기업이라서 싫다면 당신의 관심은 화장품 산업에 있었던 것이 아니고 그냥 대기업이나 외국계에 있었던 것이고, 화장품은 그런 기업에 가기 위한 방편이었던 것일 뿐이다. 자기의 욕구에 대해서는 솔직하게 생각하자. 만약 이런 상태라면 화장품 산업에 대해 이렇게까지 복잡하게 연구할 필요가 없다. 중소기업일지라도 그 산업에서 꼭 일해보고 싶을 때 필요한 것이다. 물론 이 정도도 못할 수준의 준비를 하는 사람이라면 희망하는 대기업에 취업하기는 애초부터 어려울 것이다).

산업 내의 경쟁관계를 파악하는 것 역시 인터넷의 도움을 받으면 된다. 관련 신문기사를 찾아보는 것부터 시작해서 블로그 등을 뒤지고, 상장 회사라면 관련 애널리스트 보고서와 산업협회 자료 등을 뒤지다 보면 상당 부분 산업 구조에 대해 접근할 수 있다. 이런 조사를 하다 보면 그 산업의 역사와 발전 방향 등에 대해서도 부수적으로 알게 되어 산업에 대한 이해도가 훨씬 깊어진다.

예를 들어 화장품에서 출발한 아모레퍼시픽은 이제는 생활용품 영역까지 넘어오게 된 반면, 생활용품 회사로 출발한 LG생활건강이 생활용품의 바로 옆 영역인 화장품으로 넘어오면서 두 회사가 정면 대결을 펼치게 되었으며, LG생활건강의 사업 확대는 미국의 생활용품 회사였던 P&G가 화장품에 진출한 사례와 유사하다 등의 정보 말이다. 또 우리나라가 저성장과 경기침체를 반복하자 저가 라인업에 주력하는 미샤, 더페이스샵 같은 브랜드들이 치고 올라왔고, 이에 대응하기 위해 아모레퍼시픽은 저가의 이니스프리 브랜드를 독자적으로 출시한 반면, LG생활건강은 더페이스샵을 인수하는 것으로 대응했고, 결국 몇 개의 대형 회사가 안정적 과점 체제를 갖추게 되었다는 것, 또 이에 따라 제품 본연의 기능보다는 마케팅 위주의 경쟁을 벌이기 때문에 화장품의 개발, 제조는 큰 주목을 받지 못하는 산업이 되었고, 이 공간을 제닉, 콜마 등의 ODM 전문 업체들이 차지했다는 것 등이다.

이제 요약해서 말하면, 산업을 이해하는 것은 취업에서 절대적으로 유리한 고지를 점령하는 것이다. 산업/회사에 대한 나의 관심을 가장 잘 드러내 보일 수 있고, 내가 그 산업에서 실제 업무를 처리할 수 있는 능력이 있다는 것을 드러내는 가장 좋은 방법이다. 이를 위해서는 산업의 영역을 정의하고, 이 영역의 규모와 판매 형태를 이해해야 한다. 더불어 산업 내에서 경쟁하고 있는 업체들에 대해 파악하는 것도 이루어져야 한다(산업 분석의 기초는 하버드 경영대 마이클 포터Michael E. Porter 교수의 '5동인Five Forces' 모형과 밸류 체인 분석, 맥킨지 등의 전략 컨설팅에서 자주 쓰는 3C—Customer, Competitor, Company— 분석, 그리고 좀 더 전통적인 도구로 켄 앤드류즈Ken Andrews 교수의 SWOT—Strength, Weakness, Opportunity, Threat— 분석 등이 있다. 좀 더 폭넓게 이해하기 위해 PEST—Political, Economic, Social, Technological— 분석을 덧붙이는 경우도 있다. 하루 이틀 정도의 시간을 들이면 무슨 도구인지, 어떻게 활용하는지 등에 대해 쉽게 이해할 수 있는 간단한 도구들이다. 회계나 재무 같은 것들은 오랜 시간의 노력이 필요하지만 이런 도구의 사용은 경영학에 대해 잘 모르더라도 크게 어렵지 않게 배울 수 있으니 토익 점수 5점 올리기 위해 낭비할 시간에 그냥 상식 차원에서 배우고 활용해보자. 어차피 대기업에 입사하면 생산이나 R&D쪽 인력을 제외하면 앞서 언급한 분석 도구를 사용하게 될 일이 아주 많다).

2. 광고와 신문기사, 그 이면

회사의 업의 본질과 산업에 대해 이해하고 나면 그 회사가 어떻게 돈을 버는지 짐작이 되기 시작한다. 그렇지만 여전히 사회생활 경험이 일천한 지원자들 상황에서 회사의 문화가 어떨지는 파악하기 어렵다. 가령 회사생활 10년차 정도가 되면 포스코와 같이 '공기업 전통 + 대형 장치산업 + 지방 사업장 + 국가 기반산업'이 결합된 문화가 어떨지 충분히 미뤄 짐작할 수 있지만 회사생활 경험이 없는 사람들은 이런 정보를 알게 되었다고 해도 그게 직원 개개인에게 어떤 의미가 될지 알 수 없다는 말이다.

회사의 업과 산업의 특성이 공식적이고 외부적인 이미지를 의미한다면 회사의 문화는 그 회사에 속한 사람이 되었을 때 겪게 될 매일매일의 삶 속의 문제를 의미한다. 겉보기에는 대단히 잘 살고 행복해 보이는 가정이지만 막상 가족 내부적으로는 엉망진창인 집에서 살아가야 하는 자녀들은 고통을 겪을 수밖에 없는 것처럼, 기업이 아무리 크고 화려해도 기업 문화가 엉망이라면 개별 직원은 결국 몇 년 못 견디게 된다. 때문에 기업 문화를 이해하는 일 역시 취업 준비에서 필수적인 요소다. 자신이 지원하고자 하는 회사 문화가 나쁘면 가지 말라는 뜻이 아니다. 회사의 문화가 나쁘다고 해도 견딜 수 있는 각오를 미리 하고 가야 커리어가 꼬이지 않는다는 말을 하는 것이다.

1) 광고와 신문기사는 절대 믿지 마라

지원하고자 하는 회사의 문화에 대해 알아보라고 하면 대학생들이 흔히 취하는 방법이 관련 신문기사를 찾아보는 것이다. 그런데 이런 기사 대부분은 다음과 같은 제목들이다. "xxx 회장, '따뜻한 경영' 통했다", "CEO가 직접 협력사 찾아가 소통", "일하기 좋은 기업, '행복'을 심으니 '희망'이 자란다", "열린 기업문화가 직원을 춤추게 한다."

제목만 봐도 대충 짐작이 가지 않는가? 기사를 읽어보면 좋은 이야기다. 문제는 저런 기사들은 실제 그 회사의 직원들이 겪는 문화와는 너무도 멀리 떨어져 있다는 것이다(우리나라 신문의 가장 큰 수입원이 무엇인지와 그런 수입을 누가 제공해 주는지를 잘 생각해보면 왜 기사와 현실 사이에 큰 간극이 생기는지 쉽게 알 수 있다).

지원자들이 또 하나 착각하는 것이 광고다. 이건 정말 긴 이야기가 필요 없이 인터넷 검색으로 충분하다. 삼성, 현대, SK, 한화, 두산 등 국내 대기업의 기업 이미지 광고가 나온 시점과 그 회사 총수에게 법적인 문제가 생겼던 시점을 잘 비교해 보기 바란다.

그렇다면 회사의 문화에 대해 어떻게 알아보는 게 좋을까? 일단 그 기업이 해외, 특히 미국에서 사업을 하고 있는 대기업이라면 '글래스도어(www.glassdoor.com)'라는 취업 정보 및 회사 평판 제공 사이트를 참조해보길 권한다. 우리나라 기업은 그리 많지 않고, 한국 기업에서 일하는 외국인이 보는 것이라 우리의 시각과 큰 차이를 보일 때도 있지만, 상당 부분 수긍되는 평가들이 많다. 그리고 무엇보다

이 사이트는 평판을 쓸 때 반드시 전·현직 직원만 쓰도록 되어 있어서 평가의 신빙성이 상당히 높은 편이다. 우리나라의 취업 전문 카페 등에도 회사 문화와 관련된 글들이 올라오지만 이 경우 작성자의 배경을 알기 어렵기 때문에 정확성에 대해 의문이 들 때가 종종 있다. 글래스도어는 국내 대기업 외에 해외 대형 기업에 취업하고 싶은 사람도 꼭 한 번은 참조해볼 만한 사이트이다.

이 외에는 신뢰할 만한 기업 문화 관련 자료는 찾기 어렵다. 몇몇 기업의 특성에 대해서 다룬 책들이 있기는 하지만 이 역시 기업 선전 광고의 성격이 강해서 현실과는 거리가 있는 편이다.

2) 문화는 결국 아날로그다

신뢰할 수 있는 정보 소스가 공식적인 것들이 거의 없기도 하지만 원래 문화라는 것이 쉽게 정형화되거나 표현될 수 없는 것이기에 가장 확실한 방법은 시간과 발품과 노력을 들여 그 회사에 다니는 사람을 만나는 것이다.

친척도 좋고, 학교 선배도 좋고, 친구의 친척도 좋고, 그도 저도 안 되면 회사 설명회 때 만나 명함을 받아본 사람이라도 좋으니 개별적으로 만나 회사에 대해 이것저것 물어보라. 처음 한두 번 물어볼 때야 어색하고 멋쩍겠지만 이것도 익숙해지면 전혀 모르는 사람도 친구 만나듯 편하게 만날 수 있다.

한 회사에서 동일한 업무를 하는 사람들보다는 각기 다른 업무, 각기 다른 연배의 사람들을 5명 정도만 만나보면 대략 그 회사가 어떻게 일을 시키고, 무엇을 직원들에게 요구하고, 그 강도와 방법이 어떠하고, 직원들 간의 관계는 어떠한지 파악해볼 수 있다. 그리고 이렇게 모인 정보를 지원자가 갖고 있는 인턴이나 군대생활 경험 등의 조직생활 경험에 비춰보면 자신이 그곳에 갔을 때 어떻게 행동하고, 말하고, 대응해야 할지 그림을 그려볼 수 있게 된다.

대기업들이 아무리 비슷한 곳이라고 해도 조직 내의 역학 관계는 얼마든지 다를 수 있고, 그 분위기에 적응할 수 있느냐는 초기 커리어에서 매우 중요하다. 그리고 적응할 수 있다는 자신감이 있는 경우 면접에서도 매우 유리하게 작용한다. 꼭 말로 적응에 대한 자신감을 드러내지 않는다고 해도 면접관이 '저 친구는 우리 회사 분위기를 잘 알고 있는 것 같군. 와서 잘 하겠어'라는 느낌은 충분히 갖게 할 수 있는 것이다.

정리된 자료로 쉽게 접하면 좋겠지만 조직의 분위기나, 기업 문화 같은 것은 결국 사람들 사이의 일이고, 때문에 지극히 아날로그적 정보이다. 힘들고 어렵겠지만 시간을 들여 사람을 찾고, 만나서 물어보자. 이 과정에서 면접, 나아가서는 커리어의 발전을 위한 가장 기본되는 소양이 여러분의 몸 안에 차분히 갈무리된다.

5

다시 한 번, 그래서 어쩌라구요!

> "If there are no ups and downs in your life, it means you are dead."
> – '당신의 인생에 부침이 없다면 당신은 벌써 죽었다'는 뜻의 미국 격언

1. 뒷감당만 잘한다면 취업도 괜찮은 선택이다

공식 통계에 따르면 우리나라의 경제 활동을 하는 사람 중 70%는 직장인이고, 20%는 자영업자이다. 자영업자 대부분이 40대 이상인 점을 감안하면 20대의 취업 희망자는 거의 직장인으로서 사회생활을 시작한다. 학벌/배경이 좋거나 창업을 하겠다는 의지가 있는 소수를 제외하면 월급쟁이는 피할 수 없다는 뜻이다.

군대식 사고를 대단히 싫어하지만 이런 상황에서는 어쩔 수 없이 군대 표현이 나올 수밖에 없다. '피할 수 없으면 즐겨라.'

사실 월급쟁이 생활은 어떤 면에서는 참 괜찮다. 비록 내 통장에 잠시 스쳐 지나갈 뿐이지만 정해진 날짜에 정해진 금액이 들어오는 건 인생에 대단히 큰 안정감과 예측 가능성을 준다. 또 그 안정성을

바탕으로 작은 돈이나마 조금씩 모아가다 보면 어느덧 나름 규모 있는 목돈으로 커지기도 한다. 인생 역전은 아니지만 평탄한 길을 천천히 걸어가는 즐거움은 누릴 수 있다.

또 스트레스의 원흉이기도 하지만 조직은 내가 노력해서 만들어낸 결과에 대해 만족스러운 평가를 해주기도 하고, 나의 역량과 전문성이 커져 갈 수 있도록 여러 가지 교육과 새로운 업무 기회를 주기도 한다.

그리고 그 사이에 만나는 사람 중에는 인격적으로 존경할 만한 사람도 있고, 롤 모델로서 배우고 따라가고 싶은 사람도 있다. 연인이나 배우자처럼 내 인생에 아주 큰 의미를 가지는 사람을 만나기도 한다.

크게 보자면 앞서 설명한 우울한 그림이 그려지겠지만, 시야를 어느 정도 좁혀서 나의 일신만을 놓고 생각한다면 창업 같은 큰 위험 부담 없이, 부모님의 화끈한 지원 없이도 내 삶을 어느 정도까지는 꾸려갈 수 있는 기회를 가질 수 있는 것이 월급쟁이의 삶이다. 여기에 그 회사가 국내 10대 기업의 계열사이거나 공기업 수준이라면 약간의 경제적 여유와 사회적 존중도 기대해볼 수 있다.

먹구름이 지상에서 볼 때 아무리 짙은 색이어도 해가 비치고 있는 위쪽은 하얗기 마련이다. 마찬가지로, 월급쟁이의 우울한 본질이 바뀌지는 않겠지만 활용하기에 따라서는 나름 의미 있고 소소한 즐거움과 만족감 있는 삶이 되기도 한다. 천둥이 치고 있더라도 잠시 구름 위의 멋진 햇빛도 꿈꿔보자.

2. 먹고사니즘

눈앞에 수치를 들이밀면 머리 아파하는 사람들이 많겠지만 어차피 월급쟁이로 살 것이니 어느 정도를 받으면 만족해야 하는지 잠시 생각해보자.

일단 통계청 기준(2012년)으로 볼 때 우리나라의 근로자 임금 평균은 월 210만원, 연봉 2,500만원 정도이다. 조건을 조금 더 좋게 해서 일용직이나 임시직을 제외한 상용직 기준으로는 월 260만원, 연 3,100만원 정도이다. 이 책을 읽는 취업 준비생 중에는 저 돈 받고

누가 일하느냐 싶겠지만, 이 수치는 신입사원 연봉도 아니고 근로자 전체의 평균 연봉이다. 이처럼 우리나라 임금 근로자들의 수입이 생각보다 많이 열악하다.

한편 대부분의 대기업과 금융권이 포함된 국내 500대 기업 직원 전체 평균 임금은 월 498만원, 연 5,980만원이다(세전 기준). 우리나라 4인 가구 평균 소득이 월 400만원, 연 4,800만원 정도이니 국내 500대 기업이 아닌 회사에서 상용직으로 평균 임금을 받는다면 가구원 중 가구주 이외의 사람이 돈을 추가로 벌어야 대기업 평균치를 벌 수 있다는 뜻이 된다. 남편이 연간 3,100만원을 벌면 부인이 1,700만원 정도는 추가로 벌어야 평균 소득 수준의 삶을 살 수 있다.

반면 500대 기업에 남편이 다닌다면 남편 소득 하나만으로 상용근로자 전체보다 낫다. 이처럼 수입적인 면에서 대기업은 분명 괜찮은 직장이다.

6
희망 따위는 안 가질 테니
대기업 들어갈 **방법**이나 알려줘요

지금까지 대기업에 다닌다는 것이 어떤 의미인지도 살펴보았고, 회사별 차이는 어떠한지, 그리고 창업이 얼마나 많은 준비가 필요한 일인지도 간략히 살펴보았다.

그럼 이제부터 본격적으로 취업을 위한 기술적인 이야기를 해보자.

1. 대기업에 들어가는 가장 쉬운 방법

대기업에 취업하는 길은 간단하다. 적당한 스펙, 논리적이면서도 감성적인 말빨, 약간의 통찰력, 그리고 번듯한 외모만 있으면 된다. 이 말에 욕할지도 모르겠다. 연애 잘하는 법과 같으니 말이다.

그러나 사람이라면 팔, 다리, 머리, 몸통이 있어야 하는 것처럼 이

들 요소가 모두 필요한 것은 부정할 수 없는 것이다. 문제는 각 요소가 어느 정도 수준이어야 합격되느냐?, 그 중에서도 취업과 향후 커리어에 가장 중요한 요소는 무엇이냐?, 그리고 어떻게 해야 이 능력을 일정 수준 이상 갖출 수 있느냐이다.

미리 답을 하자면, 스펙은 커트라인을 넘어서면 되지만 스펙만으로 취업은 불가능하다. 그리고 취업의 전 과정 및 취업 후 커리어에서 가장 중요한 요소는 바로 커뮤니케이션 능력이다.

이제부터 취업 준비 과정, 스펙에 대한 고려, 그리고 커뮤니케이션 향상을 위한 방안을 알아보자.

2. 자존심은 지키자

취업지원을 열심히 한다고 회사 100개씩 지원하는 사람들이 있다. 자존심이고 뭐고 다 팽개치고 덤비는 셈인데, 이렇게 지원하면 당연히 결과가 나쁘다. 동아리 여자애들 많다고 모두에게 작업을 걸면 누구하고도 안 되는 것과 같은 이치다. 결국 취사선택을 해야 하고, 우선순위를 정해서 지원하게 되는데 이 과정에서 학생들은 크게 인식하지 못하지만 시간이 지날수록 더 없이 크게 느껴지는, 반드시 취업준비 전에 고민해야 하는 부분이 있다. 바로 "내가 원하는 게 뭘까?"이다.

기술적 설명을 한다더니 왜 또 추상적인 이야기냐고 반문하는 사람도 있겠지만, 사회생활 3년 이상 한 주변 사람에게 물어보라. 100% 위의 질문에 대한 대답을 요구할 것이다. 그리고 이 추상적인 질문의 답을 찾는 방법은 생각보다 기술적인 것이다. 그러니 조금 지루하더라도 자세히 읽어보기 바란다.

1970~90년대 우리나라 기업들은 신입 직원이 업무나 회사에 대해 알고 들어올 것을 아예 기대하지 않았다. 회사 일이라는 건 들어와서 커피 심부름하고 복사하면서 수년에 걸쳐 차근차근 배워가는 것이라고 생각했기에 조직에 몸 바쳐 열심히 일할, 군기가 바짝 들고 새벽부터 밤늦게까지 버틸 체력과 의지를 가진 사람을 우선해서 뽑았다. 군대 다녀온 남자들은 잘 알겠지만 이런 문화의 조직은 개인의 희망이나 능력에 큰 의미를 두지 않는다. 이 조직에 속한 조직원 역시 그

저 열심히 일하면 회사가 챙겨주기 때문에 자신의 취향이니, 장점이니, 희망 사항이니 하는 것에 신경을 쓰지 않는다. 이게 앞에서 설명한 농업적 근면성의 기업 문화이고, 독자 여러분의 부모님이 살아오신 형태다.

당시에는 외국 업체에서 생산된 수입품은 너무 비쌌고, 혹시나 싼 제품은 각종 수입 규제로 국내에 거의 들어오지 않았다. 비슷한 문화를 가진 국내 업체끼리만 경쟁했기 때문에 누가 좀 더 성실하고 오랫동안 일하느냐에 따라 성패가 갈렸다. 지금 세대에게는 믿어지지 않겠지만 1980~90년대 우리나라에서 가장 흔한 가훈과 교훈은 모두 '성실'과 '근면'이었다.

IMF 사태 이후 급격히 추진된 경제개방과 세계화는 더 이상 부지런함으로 승부하지 않는, 전혀 새로운 패러다임을 가진 회사가 수익을 독식하는 산업 구조를 만들어냈고, 드디어 국내 기업들도 직원들에게 말뿐이더라도 '창의성'을 요구하기 시작했다.

기업의 창의성에 대한 요구는 자연스럽게 자라나는 아이들의 선호와 취향을 존중해주는(최소한 '들어주는 척이라도 하는') 문화를 만들어냈고, 지금의 우리나라는 외형적으로는 충분히 자신의 끼와 열정을 발휘하는 것만으로도 먹고 살 수 있는 나라가 되었다.

하지만 과연 그럴까? 이 책을 읽고 있는 여러분의 주변에서 자신이 뭘 하고 싶은지, 뭘 잘하는지 명확하게 인식하고 이를 잘 이야기할 수 있는 사람이 얼마나 되나? 또 여러분 스스로 이 질문에 흔쾌히 '네'라고 대답할 수 있는가?(이 책은 긍정적인 대답을 못할 사람들을 대상으로 쓰여진 책이다. 만약 주저 없이 '네'라고 대답할 수 있다면 이 책을 더 이상 읽지 않아도 된다. 당신은 이미 충분히 준비된 사람이다).

우리나라 교육은 대학입시 이후로 모든 것을 미루는 잘못된 습관을 학생들에게 강력하게 요구하기 때문에 학생들은 자신의 꿈도, 희망도, 재능도 좀처럼 생각해보지 않고 대학생이 된다. 점수에 맞춰 학교와 전공을 선택하는 바람에 자기 전공이 싫다는 사람이 절반이 넘는다. 그리고 늦게나마 자신과 세상에 대해 고민을 시작해야 하는 대학생들은 1학년 때부터 스펙을 쌓기 위해 고등학교 시절처럼 다시 시달리는 장면으로 마무리된다. 이런 과정에서 '내가 하고 싶은 일이 뭘까?'라는 고민이 무슨 의미를 가질 수 있는가?

아무 생각 없이 그저 '해야 할 일들을' 열심히 하면서 살아온 학생들에게 불행히도 회사는 너의 끼는 무엇이고, 뭘 하고 싶고, 10년 뒤의 꿈이 뭔지를 물어본다. 그럴싸하게 대답하지 못하면 탈락이다. 준비할 시간도 안 주고 답하라는 건데, 인생이 거의 스피드퀴즈 수준이다.

위의 장광설을 요약하면 "취업 준비생들은 자신이 뭘 하고 싶은지 알지도 못하고, 알려고 하지도 않았다. 그런데 회사는 지원자들에게 그런 걸 요구한다"이다. 회사는 자신감 있고, 자신의 역량에 대해 잘 알고 있으며, 뚜렷한 목표가 있고, 이를 위해 노력할 준비가 되어 있는 지원자를 원한다. 그리고 합격자는 거의 대부분 자신이 무엇을 하고 싶은지, 어떤 삶을 살고 싶은지, 자신이 가진 역량과 열정은 어떠한지에 대해 상당히 명확한 답을 가지고 있거나 가지고 있는 척할 능력이 있다.

앞서 이야기했듯 지원자가 면접대기실에서 대기하는 모습만으로도 합격자는 가려진다. 자신의 삶에 대한 정리가 되어 있는 사람은 그냥 서 있는 모습만 봐도 자신감이 보이고, 그 자신감이 취업의 최대 난관인 면접의 성공으로 이끈다는 말이다.

대학 2~3학년이라면 천천히 인생에 대해 고민하고 자신이 원하는 바를 정리해나가면 되지만 당장 취업 시즌이 몇 달 뒤로 다가온 사람에게 이렇게 요구하는 것은 과도한 요구다. 여기에서 간략하게나마 자신이 원하는 것이 어떤 것이고, 자신이 잘하는 것은 무엇이며, 이런 조합일 때 가장 적당한 회사나 직무는 무엇인지를 정리하는 방법을 소개한다(최선은 항상 이야기하듯 천천히 다양한 직간접 경험을 갖고, 자기 자신에 대해 정리하는 작업을 주기적으로 해서 정리된 결론이 조금씩 체화되도록 하는 것이다. 아래에서 설명할 방법은 제법 논리적으로 들리겠지만 여전히 일종의 편법이다).

⏱ Tip 1 자신의 선호/역량의 장단점과 회사/직무 연결하기

가) 커다란 전지 위에 네모를 크게 그리고 4분한다. (2x2 매트릭스)

나) 네모의 y축에는 "내가 좋아하는 상황/내가 싫어하는 상황"을 적고, x축에는 "내가 잘할 수 있는 일/내가 잘할 수 없는 일" 이라고 적는다. 그리고 벽에 붙여 놓는다.

다) 처음 1주일간 '내가 좋아하는 상황'에 대해 생각을 한다. 생각이 날 때마다 포스트잇에 적어서 가)의 2x2 그림의 해당 네모 칸에 붙여 놓는다.

라) 여기서 중요한 것은 '내가 좋아하는 상황/내가 싫어하는 상황'에 대해 정확히 이해하는 것이다. 이 항목은 내가 좋아하는 어떤 커다란 것을 적는 것이 아니다. 가령 '나는 광고제작을 하고 싶어'라는 식으로 적는 것이 아니라는 말이다. 여기에는 내가 살아오면서 어떤 순간에, 어떤 상황일 때 만족감이나 즐거움, 보람 등을 느꼈는지를 적는 것이다.

- 편의점 알바 중 수십 명의 손님이 한꺼번에 들어왔는데, 계산하는 손님들을 빠르게 상대하면서도 물건에 대해 물어보는 손님에게 능숙하고 여유 있게 대답하는 내 모습을 보면서 스스로 대견했음.
- 평소에 발표하는 것을 별로 좋아하지 않았는데 수업 팀 프로젝트 발표자가 구멍을 내서 대신하게 되었음. 그런데 생각보다 떨지 않고 잘하는 내 모습에 놀랐고, 끝난 후 두근거리는 마음이 즐거웠음.
- 친척 모임에서 초등학교 다니는 조카들이 많이 모였는데 이 아이들을 통제하는 게 내 일이어서 엄청 고생했음. 그런데 나중에 친척들이 모두 내가 아이들을 참 잘 다루는 모습에서 이제 다 컸다고 했을 때 나도 많이 성장했구나 싶어 만족스러웠음.

마) 마찬가지로 싫어하는 상황도 함께 생각해서 붙여 놓는다.

바) 이렇게 정리하는 이유는 '좋아하는 일'을 찾으라고 하면 보통 어떤 직업의 이름을 적는 경우가 많은데 이는 자신의 미래를 정하는데 큰 도움이 안 되기 때문이다. 이 직업들 중에 학생들이 실제로 경험해보거나 최소한 옆에서 일정 기간 이상 지켜본 직업은 많을 수가 없다. 여러분의 머릿속에 '나는 금융회사를 가고 싶다'거나 '마케터가 되고 싶다'고 하는 생각이 있다면 그건 대부분 그 직업을 가진 선배와 술자리를 한 번 했거나, 드라마에서 봤거나, 관련된 책을 우연찮게 한 권 읽었거나, 강연에서 이야기를 한 번 들었거나, 아니면 돈을 많이 번다는 기사를 봤기 때문이다. 그 일이 구체적으로 어떤 일이고, 어떤 어려움이 있고, 어떤 결과를 만들어내야 하는지를 전혀 모른 채 이런 선호를 가지고 있는 것

이다. 이런 선호는 고등학생이 대학생활에 대해 상상하는 것과 같이 허망한 것이다. 이렇게 직업을 선택하면 취업면접 때 통과도 잘 안 된다. 스스로도 잘 모르는 자신의 선택에 대해 어떻게 남을 설득시킬 수 있겠는가?

사) 대신 자신이 만족스러웠고, 대견했고, 즐거웠던 상황을 적는 일은 자신에 대한 솔직한 평가가 이루어질 수 있다. 더불어 1주일의 기간 동안 자신과 친한 사람들에게 물어보기도 하면 자신이 미처 몰랐던 스스로의 즐거움 요소를 찾을 수도 있다.

아) 이렇게 모인 자신에 대한 평가들을 반복해서 읽다 보면 자신이 좋아하고 즐거워하는 상황에 대해 일반화할 수 있다. 이건 자기 자신에 대해 일종의 깨달음을 얻는 것과 비슷하다. 예를 들어 '내가 사람들 앞에 나서서 지휘하는 듯한 상황이 되면 즐거워하는구나.', '내가 준비한 일이 완벽하게 끝났다고 생각될 때 좋아하는구나.', '뒤로 한 발 물러나서 객관적으로 상황을 정리해줄 때 사람들이 나를 좋게 평가해주고, 나도 만족스러워하는구나.', '엉뚱한 생각이었지만 이를 실현시킬 때 내 만족감이 크구나.'와 같은 식으로 정리하면 된다. 싫어하는 상황 역시 마찬가지로 정리하면 된다.

자) 비슷한 방식으로 2주차에는 내가 잘하는 일과 잘하지 못하는 일을 정리한다. 앞에서와 같이 구체적인 사례들을 적고 이를 모아 일반화해보는 것이다. 이 때 잘하는 일의 조건은 다음과 같이 크게 3가지 범주로 생각하는 게 좋다. ① 어떤 방안이나 해결책을 처음으로 생각해내거나 주변의 단순한 아이디어를 구체화시키는 것, ② 남의 아이디어나 주변에서 결정한 방향에 대해 추진력 있게 실천하는 것, ③ 아이디어의 생산이나 적극적 실행이라고 분류하기는 어려운, 가지고 있는 기술이나 특기 같은 것. 가령 자신이 주로 사람들을 모아서 '뭔가 한 번 해보자'라고 바람 잡는 게 특기라면 첫 번째에 가깝고, 일단 누군가 나에게 이

런 저런 일을 해달라고 할 때 미친 듯이 밀어붙여서 어떻게든 결과물을 만들어낸다면 두 번째, 그리고 손재주가 좋다든지, 그림이나 도안을 잘 한다든지, 낯선 상황에서도 절대 당황하지 않는다든지, 체력이 엄청 좋다든지 하는 것들은 세 번째에 속한다.

차) 이렇게 정리해 놓으면 모두 4개의 조합이 나온다. 즉 잘하고 좋아하는 것, 잘하지만 별로 좋아하지 않는 것, 잘하지는 못하지만 좋아하는 것, 그리고 잘하지도 못하고 좋아하지도 않는 것 등이다. 이 때 가장 초점을 둬야 하는 것은 당연히 잘하고 좋아하는 것이다. 그 다음은 개인의 성격에 따라 위험감수를 어느 정도 선호하는 성격이면 '잘하지는 못하더라도 좋아하는 것'에 집중하고, 비교적 안정지향적이라면 '좋아하지는 않지만 잘하는 것'에 집중한다. 각 위치를 다시 한 번 곰곰이 읽어보면 자기 자신에 대해 상당히 이해하게 된다. 어쩌면 자기가 한 번도 상상해보지 않았던 자신의 모습과 장점을 발견할 수도 있다.

카) 이제 자기 자신의 취향과 장점에 대해 조금 정리가 되었으니 지원하고 싶어 하는 회사나 직무에 대한 구체적인 정보를 수집한다. 관련 책을 보거나 인터넷 검색을 하거나 관련 인터넷 카페 등에서 간접 정보를 수집할 수도 있지만 역시 최고의 방법은 그 회사를 다니거나 직무를 하고 있는 선배를 여러 명 만나 이야기를 듣는 것이다. 만나서 그 회사/직무는 어떻게 일이 이루어지고, 분위기가 어떻고, 어떤 어려움이 있으며, 어떻게 극복하는지에 대해 묻고 확인하라(잘 아는 선배가 우연찮게 관심 업체나 업종에 있다면 다행이지만, 없는 경우가 훨씬 많을 것이라 생각된다. 선배의 선배의 선배를 알음알음 찾든지, 학과 선배졸업생들의 연락처를 검색하든, 학교 취업정보실에 관련 정보를 요청하든, 부모님의 인맥을 동원하든, 친인척의 도움을 구해보든 여기서의 관건은 '적극적으로 사람을 찾아 연락해보고 미팅을 하는 것'이다. 취업에 대한 직접적인 도움을 얻는 것 외에 이런 인맥 탐색 과정은 자신의 인적 네트워크를 점검하고 사람들과의 관계를 넓히기 위해 필요한 적극성을 키우는 기

회를 준다. 더불어 자신이 왜 이런 사람을 찾는지를 주변에 설명하다 보면 자기가 취업하고 싶어 하는 동기와 자신의 관심 사항 등을 자연스럽게 정리할 수 있게 되고, 향후 실제 취업 면접 때 아주 요긴하게 써먹을 수 있다. 뻔뻔하게 연락하라!).

타) 자기 자신에 대한 정리와 회사/직무에 대한 정보가 모이면 둘을 비교해 보자. 가만히 비교해보면 자신이 그 전에 머릿속으로만 생각하던 회사나 직무와는 다른 기회들이 눈에 보이게 되고, 가슴속에 뭔지 모를 자신감이 생겨난다. 취업 성공에 한 걸음 다가가게 되는 것이다. 가령 '나는 기존의 일상적인 물건들을 새로운 형태나 용도로 바꾸는 걸 잘하고, 그걸 사람들에게 설명해주는 것을 좋아하는데 부모님이 가라고 하는 금융권에서는 이럴 가능성이 별로 없다고 하네. 그런데 마케팅의 상품개발에서는 이런 아이디어가 잘 사용될 수 있다고 하는군. 상품개발이 뭐하는 거지?'와 같은 식으로 새로운 가능성을 찾아볼 수 있게 되고, 좀 더 자신에게 맞는 회사와 직무를 찾게 된다.

3. 내가 좋아한다거나 잘할 수 있다는 것만으로 회사가 당신을 뽑지는 않는다

앞의 과정을 통해 내가 좋아하고 잘할 수 있을 것 같은 일들의 후보들을 골랐다. 그런데 가만히 생각해보자. 단순히 좋아하거나 그냥 잘하는 것이라는 이유로 취업이 될 것 같은가? 나와 같은 지원자들 중에서는 나보다 더 그 일을 좋아하고, 더 잘할 수 있는 사람이 없을까? 선호와 장단점 이외에 추가적인 고민이 하나 더 필요하다. 그건 선택의 이유와 그 선택을 통해 얻고자 하는 것에 대한 설명이다. 면접관 앞에서 정리해서 전달할 수 없다면 아무리 좋아하고 잘하는 일이라고 해도 뽑아줄 사람이 별로 없다(잘하고 좋아한다는 것 자체만으로도 충분한 선택 이유와 목표가 될 수 있다. 그렇더라도 이것이 잘 전달되고 설득력을 갖도록 정리하는 것은 여전히 중요하다).

⏱ Tip 2 왜Why, 무엇을What, 어떻게How

기업체들의 경영 문제를 해결해주는 전략 컨설팅에서는 문제 해결의 순서를 주로 '왜 → 무엇을 → 어떻게'가 바람직하다고 말한다. 단어 뜻 그대로 "왜 그 일을 추진하고, 어떤 목표로 그 일을 하며, 정해진 이유와 목표 하에서 어떻게 일을 성공시킬 수 있는가"를 보는 것이다.

일의 배경과 목표가 분명해야 업무 진행에 추진력이 생기고 단계를 지날 때마다 자신의 변화, 발전을 확인할 수 있기 때문이다. 취업 준비 역시 하나의 문제 해결 과정이라고 보면 이 순서를 적용할 수 있다. 가령 아래의 질문들에 대답을 해보는 것이 취업 준비의 0순위라고 할 수 있겠다.

- **왜**Why : 왜 창업이 아니고 취업인가?

    왜 그 산업 분야인가? 혹은 왜 그 기업인가?

    왜 그 업무를 하고 싶은가? (앞의 Tip 1 활용)

- **무엇을**What : 취업을 하는 단기(3년 이내) 목표는 무엇인가?

    취업을 하는 장기(5~10년) 목표는 무엇인가?

    궁극적인 커리어 목표는 무엇인가?

    그 회사에는 내가 무슨 기여를 하고 싶은가?

- **어떻게**How : 그 업종에 필요한 스펙은 무엇이고, 어떻게 준비할 것인가?

    스펙이 아닌 나만이 가진 장점을 어떻게 드러낼 수 있는가?

이유나 목표에 대해 생각할 때 큰 기대를 갖는 것은 좋지만 이를 정리할 때는 현실적으로 생각하기 바란다. 취업 준비를 하라고, 자신이 왜 그 길을 걸어가는지 고민해보라고 하면 많은 취업 준비생들이 현실적인 그림이 아닌 이상을 꿈꾼다. 창업하는 것이 아닌 남이 시키는 일을 하는 월급쟁이의 삶에서 너무 높은 이상은 결과적으로 그저 피곤하게 만들 뿐이고, 현실의 더딘 발전을 부정적으로만 보게 한다.

4. 당신이 내세울 스펙과 남이 월급을 줄 스펙, 그 무한대의 간극

어느 정도 자신의 취업 분야에 대한 결정을 하고 나면 취업 준비생들의 머릿속은 스펙이라는 말로 가득 찬다. 방향이 결정되었으니 거기에 맞는 기본 자격을 갖춰야 한다는 점은 당연하다.

그런데 그들이 생각하는 스펙이 진짜 회사에 취업할 수 있는 그 스펙이 맞고, 취업 후 성공적인 커리어를 걸어가기 위한 스펙인가? 그것에 대해 솔직하게 이야기해보자.

> **⏱ Tip 3 취업 준비생들이 생각하는 스펙 vs 실제 현장에서 요구하는 스펙**
>
> 취업 준비생들이 준비하는 스펙들의 리스트를 살펴보고 각 항목에 대해 현

업의 직원들이 느끼는 바와 비교해보자.

● 학교 이름

이건 대단히 중요하다. 다만 앞에서 좋은 학교가 가지는 의미에 대해 충분히 설명했고, 더불어 일단 졸업장에 학교 이름이 찍히면 바꿀 수 있는 방법이 별로 없기 때문에 어떤 측면에서는 의미가 없는 이야기일 수도 있으니 더 이상 생각하지 말자.

● 전공

학벌과 학점이 대단히 좋고 성격이 적극적이라면 전공에 얽매이지 않고 전략 컨설팅이나 투자은행도 고려해볼 수 있다. 물론 취업 전에 열심히 준비해야 하지만 말이다.

애초에 지원할 때 전공에 제한을 두는 회사가 많기 때문에 이 역시 매우 중요한데, 경영대 복수 전공이면 문과에서는 거의 대부분 편하게 지원할 수 있다. 경영대가 아니고 복수 전공도 아닌 문과생의 취업은 전공 제한이 거의 없는 영업직이나 영업 지원, 인사업무, 또는 SI 업체 등이 1차적인 선택이 된다.

최근엔 전공 제한이 많이 없어지고 있는 추세이기는 하지만 여전히 경영대가 아닌 문과는 취업의 폭이 넓지 않다.

공대나 자연대의 경우 전공 관련 분야로 지원하느냐 아니냐에 따라 매우 다르다. 전공 관련 분야는 큰 문제될 게 없지만 전공과 관련 없는 분야를 지원할 때는 문과 출신들보다도 취업이 어려울 수 있다. 늦어도 3학년까지는 전공 분야로 갈 것인지 아니면 다른 분야로 갈 것인지 결정해야 제대로 준비할 수 있다(약간 다른 이야기이지만 외국어에 어느 정도 준비가 된 문과생이라면 해외 취업 자리를 적극적으로 알아보기를 권한다. 통상적인 커리어와는 많이 다르기 때문에 정보를 얻기 쉽지 않고, 선택 후 위험 정도가 가늠이 안 되지만 솔직히 최상위권 대학이 아니라면 문과생이 국내에서 좋은 회사에 취업하기란 정말 어렵다).

필자가 조언을 해줬던 학생 중에 전공이 건축공학인 학생이 있었다. 학교도 좋고 다른 조건도 좋았는데 문제는 4학년 때 건축 경기가 급격히 나빠지면서 신입사원을 뽑는 건설사가 거의 없어져 버린 점이었다. 졸업 학기에 결국 취업하지 못했고, 한참 눈을 낮춰 작은 IT 회사의 디자인 쪽으로 취업했다가 도저히 적성에 맞지 않아 6개월 만에 퇴사했다. 개인의 준비나 의도와는 상관없는 건설 경기의 문제였지만 여러분이 졸업하는 학기에 이런 일이 생기지 않을 것이라고 누구도 이야기할 수 없다. 필자는 IMF 직후에 취업했다. 그 땐 대기업들이 아직 회복을 못해서 신입사원을 거의 뽑지 않을 때였고, 대부분의 신입사원 자리가 IT 벤처들에게서 나올 때였다. 필자 역시 전공과 아무 상관없이 IT 엔지니어로 시작했다. 회사에 취업이라도 했으니 다행이었지만, 이와 같이 취업에는 예측 불허의 일들이 많이 일어난다. 취업 준비를 할 때 전공이 아닌 분야로 가게 될 경우 무엇을 선택할 것인가도 어느 정도 사전 고민이 필요하다 하겠다.

● 학점

3.5/4.5가 넘어가면 학점에 대해 태클을 걸 회사는 거의 없다. 이건 문과나 이과 모두에 해당된다. 취업정보 사이트 등에 들어가 보면 학생들 간에 이야기를 주고받으면서 기준 학점이 계속 부풀려지고 있지만 실제로 3.5면 충분하고 3.3도 별 문제가 되지 않는다. 물론 몇몇 특이한 직장이나 직종은 더 높은 학점을 요구하기도 한다. 가령 증권사 애널리스트나 투자은행가, 전략 컨설팅 등은 3.8 혹은 4.0 정도는 돼야 서류를 통과할 수 있다. 하지만 90%의 대기업 또는 일반 시중 은행 등은 3.5면 충분하다.

학점이 3.5 정도면 된다는 뜻은 반대로 4.2~4.3 정도가 돼도 별 이득을 못 받는다는 말이다. 학생이면 높은 학점을 받으려고 노력하는 것이 당연한데 4.5/4.5 정도 아니고서는 그저 '열심히 노력했다' 정도의 의미만 가지게 된다는 것이다. 개인적인 만족감이나 학생으로서의 의무감, 혹은 학과 공부 자체가 재밌기 때문에 학점을 높이려 하는 것은 좋지만 취업에 도움을 받기 위해 학점을 어거지로 높이려 하지는 말기 바란다. 그 시간에 차라리 사람을 만나든지, 책을 읽고 사회에 대해 관심을 갖는 것이 훨씬 도움이 된다.

다만 나중에 사회생활 4~5년쯤 하고 해외 유학, 가령 MBA를 가고 싶다는 생각이 있거나 전공 분야 석사과정에 진학하고 싶다면 이야기가 조금 다르다. 취업에는 3.5면 충분하지만 외국의 좋은 대학교로 석사를 가고 싶을 때는 무조건 높을수록 유리하다. 이런 목적으로 학점을 조금이라도 더 받으려고 노력하는 것은 충분히 합리적인 선택이다.

- 영어

이것이야말로 가장 논쟁이 될 만한 문제다. 이에 대한 대답은 지원 분야가 어디냐에 따라 극단적으로 갈린다. 우선 대기업의 재무, 인사, 기획 등 경영 지원 분야는 900점 정도가 일종의 커트라인이다. 물론 800점 정도로도 입사하는 경우가 있지만 학교가 좋거나 학점 등 다른 분야에서 평균을 월등히 상회하는 경우이다. 서류 전형의 특성상 여러 요소를 동시에 고려하기 때문에 영어 점수만의 커트라인이라는 것은 없지만 크게 문제가 안 되려면 900점 이상인 게 편하다. 그렇지만 900점을 넘어가면 900점이나 990점이나 취업에서 변별력은 없다. 오히려 980~990점 맞은 지원자에게 영어 PT 등을 시켜서 버벅거리면 그 지원자에 대한 신뢰감만 추락한다.

외국에서 오래 살았거나 영어권에서 교육을 받았는데 토익 점수가 낮은 경우 역시 서류 통과가 상당히 어렵다. 취업 준비를 제대로 하지 않은 것으로 생각되기 때문이다. 이 경우라면 토익 점수를 많이 높일 필요가 있고, 대략 950점 전후 정도가 그 선으로 보인다. 요즘 삼성처럼 필기시험을 통과하면 서류 전형 없이 면접을 볼 수 있게 해주는 경우도 많아지고 있는데 아직은 흔치 않은 경우이고, 어차피 면접에 들어가서 영어 면접 등으로 영어 실력을 확인하니 어느 정도의 공부는 필요하다고 하겠다.

외국계, 특히 투자은행이나 글로벌 IT 회사 등을 지원할 때는 토익 점수는 더 이상 의미를 갖기 힘들다. 어느덧 우리나라에도 외국에서 오래 생활했거나 외국 대학교를 졸업한 사람들의 수가 크게 늘어났기 때문이다. 이런 분야에 지원하고 싶지만 해외 경험이 많지 않은 학생들은 영어 커뮤니케이션 능력, 특히 말하는 능력에 집중해야 한다. 이들 회사들은 토익 점수 제출 자체를 요구하지 않는 경우가 많은 대신 이력서나 자기소개서를 영어로 써야 하고, 면접도 영어로 진행될 확률이 높다. 때문에 토익 점수 자체는 별 의미가 없다.

공대생이고 R&D나 생산기술 분야에 대한 지원자라면 800점만 넘어도 충분하다. 한 취업 사이트의 조사에 따르면 삼성전자에 2012년 말 입사한 신입사원 전체 토익 점수 평균이 841점으로 조사 대상 기업 중 가장 높았다고 한다(2013년 3월 취업 사이트 잡코리아의 언론 발표 자료). 삼성전자 신입사원들의 문·이과 분포를 고려해보면 문과는 평균 900점 정도, 이과는 평균 800점을 약간 넘는 수준이었을 것으로 추산된다. 그렇지만 700점대여도 학과성적과 논문이나 연구실적, 프로젝트 참여 경험 등이 충실한 공대생이라면 취업에 별 문제가 되지 않는다. 물론 영어를 잘하는 것은 가점을 받을 수 있지만, 가점을 받으려면 영어 말하기에 상당한 장점이 있는 경우에 한정되고 토익의 고득점은 별 의미 없다.

정리해보면 영어를 포함한 언어에 대해 가져야 할 취업 준비생의 기본적 태도는 ① 시험 등에서 커트라인 점수는 받자, ② 커트라인을 통과한

이상 더 이상의 점수는 변별력이 없다. ③ 변별력은 영어로 얼마나 효과
적으로 커뮤니케이션을 주고받을 수 있는지에서 결정된다. 서류 통과를
해야 하는 지원자들 입장에서 불안한 마음에 1점이라도 더 높이고 싶겠
지만 커트라인을 넘는 점수를 받는 순간 더 이상 점수는 큰 의미가 없
다. 점수가 얼추 나오면 토익 학원 다닐 돈으로 차라리 미드 다운로드
받아서 말하기 연습을 하기 바란다. 회사가 바라는 직원은 '영어를 잘하
는 사람'이 아니라 '업무와 실적에 도움이 될 수 있도록 외국어 커뮤니
케이션 능력을 발휘하는 사람'임을 잊지 말자. 영어가 문제되면 통역을
쓰면 되지만 업무 능력은 결코 통역이 대신해줄 수 없는 문제다.

● 자격증, 해외연수, 봉사활동, 동아리, 리더십 경험
이런 스펙 없어도 취업에 아무런 상관없다. 이런 스펙이 있다고 해서 취
업이 될 가능성도 거의 없고, 없다고 해서 취업에 실패할 가능성도 별로
없다. 특히 해외연수, 봉사활동, 동아리 등은 취업과 아무 상관없는 스
펙이다(좋아하면 얼마든지 하면 된다. 다만 취업과 연관 지어 생각하지는 말라는
뜻이다).
그나마 자격증 가운데 취업과 연관이 있는 경우는 경영학 전공자가 아

닌 사람이 금융권에 취업하고 싶을 때 그 산업에 대한 관심을 드러내는 의미로서의 자격증 획득 정도이다('필수 몇 개' 이런 식으로 학생들 사이에서 이야기되는 걸로 아는데 있다고 해도 어차피 취업이 쉽지 않고, 자신감과 커뮤니케이션 능력 좋은 사람은 없어도 취업된다).

● 단 하나의 스펙을 꼽으라면?

취업 준비생들은 학점, 영어점수, 인턴 등을 꼽겠지만 가장 강력한 스펙은 바로 '그 회사를 가고 싶은 의지'다. 이건 연애와 같은 거다.

곰곰이 잘 생각해보자. 그냥 하루 저녁 놀 사람을 찾는다면 '돈 많아 보이고, 잘 생기고, 섹시하거나 자극적인 매력이 있는' 상대를 찾을 것이다. 어차피 짧게 만날 것이니 호기심을 만족시킬 수 있는 사람이면 되는 것이고, 더울 때 마실 음료수 고르듯 구하면 된다. 그 사람이 얼마나 나에게 관심 있는지는 크게 중요하지 않다. 하지만 결혼 상대를 찾는다면 훨씬 많은 것을 따지게 된다. 그 과정에서 가장 기본이 되는 것은 이 사람이 나만을 생각하고, 나에게 계속 관심을 갖고, 내 의견에 귀 기울이고, 나에게 맞춰주려고 노력할 것인가이다.

기업체도 똑같다. 단기적으로 당장 풀어야 하는 문제를 해결해야 할 때는 직원을 뽑는 것이 아니라 외부의 전문가와 단기 계약을 한다. 법률문제를 해결하기 위한 로펌이라든지, 전략 수립을 위해 경영 컨설팅 업체를 고용하는 것이라든지, 광고를 위해 광고 에이전시와 계약하는 것이 이에 해당한다. 해당 문제만 해결되면 서로 바이바이 하는 관계이니 이 전문가들이 나의 회사에 애정과 충성도를 갖고 있는가는 전혀 문제가 되지 않는다. 그들이 적절한 비용으로 문제를 해결할 수 있는가 만이 중요한 판단 기준이다.

반면 오랜 기간 동안 회사를 가꾸고 키워나가야 할 신입사원을 뽑을 때는 배우자를 뽑듯 우리 회사에 애정과 관심을 갖고 있을까를 따지게 된다. 부족한 부분도 보이고, 어설픈 모습이 좀 보이더라도 회사에 와서 자신의 회사처럼 아끼고, 사랑하고, 성장시키기 위해 노력할 자세가 되어 있는 지원자라면 어떻게든 뽑고 싶어진다.

면접관은 기본적으로 그 회사를 다니는 사람이고, 대체로 직급이 높다. 즉 그 회사를 오래 다녔을 개연성이 높고, 그만큼 그 회사에 자신의 시간을 투자한 것이 많다는 뜻이다. 자신이 선택해서 오랫동안 투자한 대상에 대해 새로 오는 사람이 함께 애정을 보여준다면 당연히 그 사람을 뽑고 싶어지는 것이다.

'회사에 대한 관심과 애정'이라는 스펙은 다른 스펙과는 달리 얼마든지 창조적인 접근이 가능하다. 화장품 업체에 지원한다면 해당 매장을 찾아다니며 경쟁사 매장과 비교한 장단점을 이야기할 수도 있고(물론 이 경우에 감동을 주려면 최소한 30~40개 매장은 찾아다녀보면서 비교할 수 있어야 할 것이고), 제조업체에 지원하면서 제조공장에 개인적으로 견학을 다녀온 느낌을 전달할 수도 있다. 해당 기업체 관련 신문기사 수년치를 전부 검색해서 그 내용을 바탕으로 왜 이 회사에 오고 싶은지를 이야기할 수도 있고, 그 회사에 다니고 있는 선배들을 부지런히 찾아다니면서 알게 된 내용을 전달할 수도 있다.

이렇게 준비를 하려면 시간이 많이 걸리고, 노력도 많이 필요하다. 한 시즌에 수십 개씩 지원서를 쓰는 방법으로는 절대 불가능하다. 면접관들은 바보가 아니기 때문에 면접 통보를 받고 급하게 회사에 대해 알아본 것인지, 아니면 오랜 기간에 걸쳐 지속적으로 관심을 가지고 노력한 것인지 금방 알아볼 수 있다. 불안하겠지만 지원 대상 회사를 10곳 이하로 줄이고, 지원 대상 회사에 대한 관심이 몸에 체화되도록 노력해야 다른 부족한 스펙을 뛰어넘을 수 있게 된다(한 산업 내의 여러 회사를 지원하는 것도 좋은 준비 방법이다. 한 회사를 열심히 파악하다 보면 그 회사의 경쟁회사들도 보이고, 그 회사 전후에 있는 여러 연계회사들도 보인다. 산업에 대한 지식도 쌓이고, 지원할 회사가 늘어나는 일석이조가 가능하다).

'런닝맨'이라는 TV 예능 프로그램에서 한 여중생이 보내준 콘티 그대로 게임 전체를 진행하면서 그 여중생을 주인공으로 하는 내용으로 방송한 적이 있다. 그 중학생은 프로그램 출연자 중 한 명을 좋아하는 마음과 자신이 살고 있는 평범한 소도시인 남양주가 텔레비전에 나왔으면 하는 마음에, 전혀 세련되지 못하지만 정성이 가득 담긴 콘티를 만들었고 제작진이 이를 받아들여 프로그램을 만든 것이다.

취업 지원자가 회사에 보여줘야 하는 스토리와 임팩트가 바로 이런 것이다. 딱 보기에 대단히 창의적이거나 혁신적이지는 않을지라도 그 회사에 대한 관심과 애정을 드러내려는 나름의 노력, 그것이 보이면 다른 모든 스펙이 별로일지라도 면접 통과는 어렵지 않다. 스펙이 좋은데 자꾸 면접에서 떨어지는 이유를 모르겠다는 지원자들의 실수가 바로 이것이다. 외모가 원빈이면 뭐하겠는가? 아무리 봐도 나에게는 관심 없어 보이는데 누가 연애를 시작하겠는가?

● '최고'가 아니라 '최적'이 되라

아무리 사업적으로 전 세계를 누비는 대기업이라고 해도 유럽이나 미국에 있는 유명한 기업들에 비해 일하는 분위기나 개인에 대한 존중 등에서 최고의 직장이라고 말하기는 어렵다. 비슷한 이유로 잘 나가는 외국 기업들도 자신들이 최고의 직장이라고 말하지는 않는다. 때문에 그 어떤 회사도 모든 인력을 최고로만 채울 수는 없으며, 최고는 아니지만 자기 회사에 어울리는 인력을 함께 뽑으려고 한다.

지원자 입장에서도 최고는 되기 어렵다. 아무리 내 스펙이 좋아도 지원자들 중에는 나보다 더 스펙 좋은 사람이 분명히 있다. '5점만 더, 10점만 더' 하면서 최고의 스펙을 만들려고 시간 낭비하지 말고, 가고자 하는 회사에 맞는 인력이 되려고 준비하는 것이 합격 확률이 훨씬 높다. 경영 분야에서 손꼽히는 구루인 짐 콜린스Jim Collins는 〈Good To Great〉라는 책을 통해 위대한 기업을 만드는 리더들은 회사의 방향을 정하기 전에 사람에게 더 주목한다고 말하면서 인력 운영에 대해 다음과 같이 말한다.

"Get the right people on the bus, the wrong people off the bus, and the right people in the right seats."(회사에 맞는 사람을 찾아서 채용하고, 회사와 맞지 않는 사람은 내보내라.)

멋진 회사가 원하는 사람은 잘난 최고의 인재가 아니라 회사에 어울리는 사람이다.

Case 7 회사랑 어울리는 사람이라… 그 회사는 어떤 사람을 원하는데?

대부분의 국내 대기업 홈페이지에 들어가 보면 보통 아주 크게 자기 회사의 인재상에 대해 쓰여져 있다. 몇 개만 살펴보자.[8]

● 삼성 : 몰입, 창조 소통의 가치 창조인
   • 열정과 몰입으로 미래에 도전하는 인재
   • 학습과 창조로 세상을 변화시키는 인재
   • 열린 마음으로 소통하고 협업하는 인재

❖
8 출처: 각사 홈페이지

● 현대자동차 : New thinking creator, new possibilities explorer

● SK 텔레콤 : Most valuable biz professional

　• 창의력과 패기, 가치창조, Global Businessman, 세계 일류

여기에서 질문 하나. 위의 인재상을 보고 이들 3개 회사 인재상의 구체적인 차이를 말할 수 있는 사람?

보통 지원자들이 이 기업체가 원하는 인재는 누구이고, 그 인재상이 나와 잘 어울릴까 싶어 주로 찾아보는 게 기업체 홈페이지의 인재상이다. 그런데 위의 사례를 보면 알겠지만 이게 무슨 뜻인지, 혹은 그래서 내가 뭘 어떻게 준비해야 하는지 도무지 알 수가 없다.

사실 기업체의 기존 직원들도 인재상이 무슨 뜻인지, 그래서 뭘 어떻게 하라는 건지 잘 모른다(의심스러우면 주변에 아는 대기업 직원 모두 붙잡고 물어봐도 된다. 인사팀을 제외하고는 인재상을 외우는 사람 아무도 없다. 보통 인재상은 인사팀에서 대기업의 총수가 평소 던진 말들과 연설문, 그리고 총수 밑에서 사업을 관리하는 몇몇 고위직 임원들의 생각 등을 듣고 난 뒤에 이를 잘 조합해서 만드는 것이다. 직원들이 이를 해석하지 못하는 것은 어떤 면에서는 당연하기에 인재상을 만들면 직원들을 대상으로 교육을 시킨다. 승진자 교육 등의 기회가 있을 때마다 교육을 하는 식인데, 어차피 교육 끝나면 다 잊어버린다). 그 회사에 다니는 사람조차 잘 기억하지 못하고, 잘 해석되지도 않는 인재상을 회사를 다니지도 않은 지원자가 자기에 맞춰 구체적으로 해석하고 다시 이에 맞춰 자신의 경험을 적절히 설명하는 건 현실적으로 별로 가능하지 않다.

면접관들에게는 채점 기준이 존재한다. 그리고 그 채점 기준들은 대체로 인재상에 나와 있는 내용들에 맞춰 구성된다. 가령 SK 텔레콤의 표준 면접 질문지 및 채점표에는 분명 '창의력과 패기, 가치창조, Global businessman, 세계 일류' 같은 항목들이 어떤 형태로든 들어 있을 것이다.

그렇지만 지원자는 이에 맞춰서 준비할 필요가 별로 없다. 왜냐고? 어차피 대부분의 인재상은 좋은 말들을 몽땅 가져다 붙여 놓았기 때문이다(한 가지 오해하지 말 것은 지원자는 회사가 인재상이라고 홈페이지에 띄워

놓은 것을 면접 전에 읽어보고 가야 한다는 점이다. 필자가 앞에서 말한 것은 준비 과정에서 인재상을 염두에 둘 필요가 없다는 뜻이고, 회사에 대해 아는 체 하려면 기억하고 있어야 하는 것은 맞다).

앞에서 기업체의 수준은 그 기업체가 주력으로 사업하는 사회의 수준을 넘어설 수 없다고 이야기했다. 그리고 국내 대표기업들이라면 이들이 한국 사회가 국가로서 처한 상황과 특성에 큰 영향을 주고받는 회사들이기 때문에 한국 사회의 문제는 곧 대표기업의 문제가 된다.

우리 사회가 처한 몇 가지 문제를 살펴보자. 우선 급격한 고령화가 인구 정체와 함께 진행 중이다. 소비시장의 성장에 가장 중요한 것이 돈을 쓸 젊은이들의 머릿수인 것을 생각하면 한국 시장의 고속 성장은 끝났다는 말이다. 실제 우리나라 GDP는 5년 이상 2~3%대에서 횡보 중이다. 때문에 한국 내수시장은 큰 기대를 하기 어렵다. 해외 진출은 필수가 되었다.

그런데 삼성전자, LG전자, 현대·기아차와 일부 중공업 업체 정도를 제외하면 해외 시장에서 아주 성공적인 국내 대기업은 별로 없다. 결국 내수시장에 의존해왔던 대부분의 대기업과 은행 등 금융 서비스 업체들은 해외에서 성공할 기반을 마련해야 하거나, 아니면 국내 시장에서 획기적인 서비스를 개발해 시장을 뒤흔들어야지만 향후 생존이 보장된다.

이런 상황에서는 ① 해외 시장에 대한 진출 노력을 계속할 수밖에 없다. 그렇지만 2000년대 초반까지 입사했던 인력들은 대부분 영어에 문제가 있거나 해외 사업 경험이 빈약하다(이들 중에도 영어를 잘하는 사람이 많다. 하지만 이들의 영어와 외국 경험은 주로 한국에서 생산된 물건을 파는 상황에서의 영어였지, 현지에 나가서 현지인들을 지휘하면서 사업을 바닥에서부터 시작하는 경험들은 아니었다. 둘은 분명히 다른 역량이고, 후자가 훨씬 어렵다. 전자를 단순 언어 능력이라고 하면 후자는 글로벌 능력이라고 할 수 있겠다). 때문에 글로벌 능력을 보유한 인력을 찾고, 최소한 영어에서라도 문제가 적은 인원을 찾고 있다. IT 회사건, 전자 회사건, 금융사이건 간에 거의 모든 기업에게 글로벌 능력은 필수다.

② 성장이 부진한 시장이기는 하지만 유행이 빠르고 신기술과 브랜드에 민감한 국내 시장은 기업체들에게 신사업을 테스트 해보기엔 적격의 지역이다. 때문에 국내 시장에서 존재감을 확대하거나 신사업을 하고 싶어 하는 회사들이 매우 많고 그만큼 열린 마음, 적극성, 열정, 창의성을 가진 사람을 필요로 한다. 게다가 이런 성향들은 인성으로 가지고 있는 것이지 회사에서 가르칠 수 없는 것들이다. 때문에 대기업들 모두 이런 자질을 가진 신입사원을 채용해 활용하고 싶다는 의욕을 가지고 있다.

③ 그렇지만 시장 자체 성장이 정체되어 있고, 주요 고객과 내부 직원들 모두 빠르게 고령화하고 있다. 따라서 기업체들이 신사업이든 글로벌 사업이든 투자 후에 오랫동안 기다릴 마음의 여유가 없다. 아무리 국내 기업체들이 내부 유보 형태로 갖고 있는 현금이 많다고 해도 예전처럼 사운을 걸고 뭔가에 승부를 걸 생각은 없다. 그저 단기적으로 수익이 나오지 않으면 차라리 은행에 맡겨 놓는 게 수익률에서 더 낫다고 생각하는 것이다. 때문에 신입사원을 뽑을 때도 예전처럼 오랜 기간 교육시켜 연차가 많이 지난 다음 활용할 생각을 하기보다는 입사하자마자 바로 현장에 투입하려 하고, 투입 즉시 성과가 나오기를 기대한다. 당연히 실제 산업 현장에서 경험을 갖고 있는 인력을 선호하고, 이게 안 되면 조직 적응력

이라도 높을 수 있게 리더십과 팀워크가 있는 인력을 찾는 것이다.

④ 북구 지역의 국가들 같이 우리나라와는 완전히 다른 사회 시스템을 가진 지역을 제외한 미국식 경제 시스템 국가는 고령화와 함께 심각한 양극화를 겪게 된다. 우리나라 역시 양극화는 악화 일로를 걷고 있고, 때문에 소수의 가진 계층에 대한 반감은 커질 수밖에 없다. 이런 상황에서 가장 눈에 띄는 곳이 대기업이고, 그러다보니 작은 사건만 터지면 사회적으로 비판의 목소리가 높아지고 공정위나 국세청의 조사를 부르기 마련이다. 결국 몸조심을 하는 것이 최선이다. 때문에 기업체가 직원들에게 요구하는 정직의 정도는 갈수록 강화된다.

물론 우리나라뿐 아니라 많은 글로벌 기업들이 정직성을 요구하고 있지만 이들의 요구가 체화된 문화에 가깝다면 우리나라 대기업의 정직에 대한 강조는 최근에 시작되었다는 차이점이 있다. 더불어 총수들이 그간 저질러왔던 여러 문제들에 비해 직원 한두 명의 비리는 새 발의 피 정도이지만 기업체는 아무튼 정직을 강조할 수밖에 없는 상황인 셈이다(총수가 대규모 비리를 저질러 처벌을 기다리고 있는 국내 대기업에서 얼마 전 무기명으로 정직성에 대한 직원 설문조사를 했다고 한다. 그런데 '필요하다면 약간의 비리는 저지를 수 있다'는 답변의 비율이 10%가 넘게 나왔고, 경영진이 발칵 뒤집혀서 대대적인 윤리 교육을 지시했다. 짐작되듯 그에 대한 직원들의 반응은 냉소 그 자체였다. 국내 대기업들에서 정직의 강조는 참 모순된 주제인 셈이다).

어떤 이유에서건 지원자들이 '정직해 보이는' 것은 매우 중요하다. 이는 인성검사에서도 매우 중요한 주제이고, 면접에서도 자기의 경험이나 역량을 부풀리지 않는 것처럼 보이도록 하는 것이 합격에 대단히 중요하다. '매우 정직하다'라는 이유로 뽑아주지는 않지만 조금이라도 의심스러우면 바로 탈락이다.

지금까지의 내용을 종합하면 '글로벌 능력 + 열린 마음, 적극성, 열정, 창의성 + 다양한 경험 + 리더십과 팀워크 + 정직성'이 된다. 이를 위에 언급한 국내 대표 기업들의 인재상과 비교해 보라. 뭐가 안 맞는 게 있는가? 개별 회사의 인재상에 너무 집중하지 말고 일반적인 경우를 상정하고 고민해도 충분하다. 일부 기술 직무를 제외하면 삼성에서 좋은 인재는 현대자동차에서도 좋은 인재이고, SK 텔레콤에서도 적합한 인력이다.

5. 대기업이 엔터테인먼트 회사냐?

요즘 취업이 어렵다 보니 취업 지원자들이 무스펙 전형이니 끼 전형이니 하는 것들에 관심을 갖는 경우가 많은 것 같다. 스펙을 맞추기가 너무 어려우니 이렇게라도 취업해볼까 싶어 현혹되는 것은 충분히 이해된다.

구체적인 사례들을 들어 설명하지는 않겠지만 한두 기업만이라도 전형 내용을 잘 읽어보기 바란다. 그 중 하나라도 정확히 몇 명을 무스펙이나 끼로 뽑겠다는 것인지, 또 그렇게 전형을 통과하면 바로 취업이 되는 것인지 말이다. 실제로 필자가 알고 있는 대기업 인사 담당자 중에서 이 전형에 대해 심각하게 생각하거나, 이를 통해 많은 수의 신입사원을 뽑겠다고 하는 사람은 하나도 없었다. 대부분은 그렇게 해서 취업 시즌에 미디어에 보도되는 것이 회사 이미지 개선 차원에서 좋고, 윗사람들에게도 '인사팀에서 뭔가 신선한 걸 하는구나' 같은 실적 과시를 위한 것이라고 말한다. 그나마 이렇게라도 뽑는 회사는 몇 곳 되지 않는다. 5%도 안 될 기업들이, 선발 인원의 10%도 안 될 사람을 뽑는 방법에 혹하거나 흔들리는 건 결과적으로 나머지 99%가 넘는 기회를 걷어차는 것이 된다.

다시 한 번 잘 기억하자. 대기업은 표준화된 사람들이 모여서 비범한 결과를 만들려고 노력하는 곳이지 비범한 사람들이 모여서 비범한 결과를 만드는 곳이 아니다. 비범한 사람들은 대기업의 보수적, 표준화 중심 문화에 잘 적응도 못할 뿐 아니라 대기업 사업의 속성상 조직적, 시스템적 접근이 더 중요하기 때문에 튀는 개인 한두 명이 할 수 있는 것이 거의 없다. 개인이 가서 '비범한 결과'를 만들고 싶으면 벤처 기업을 가거나, 외국계 기업을 가거나, 창업하는 것뿐이다.

고등학교 시절을 돌아보자. 그 때 전교 20~50등에 있는 친구들은 어디에서 과외를 받네, 무슨 족집게 학원이 있네, 새로 나온 문제집 뭐가 기가 막히게 좋네 하면서 우르르 몰려다니지만 정작 1, 2등을 다투는 친구들은 이런 말에 별 반응이 없다. 자신의 방법 혹은 자신의 길에 대해 자기 확신이 있는 경우와 없는 경우의 차이다.

운이 좋아서 끼 전형 같은 걸로 취업에 성공했다고 해도 기본 실력이 부족하다면 어차피 시간이 좀 지나 뒤처지고, 결국에는 회사를 떠

나게 된다. 취업에 실패하는 것도 두렵겠지만 겨우 인생이 풀리나 싶
었는데 다시 꼬이면 훨씬 더 힘들다. 희망고문에 가까운 것이니까.

따라서 기본에 충실하고 실력을 키워라. 특이한 방법으로 순간의
문턱은 넘을 수 있을지 몰라도 세상살이 그렇게 호락호락하지 않다.
여자에게 가장 잘 어울리는 최고의 머리 스타일은 '예쁜 여자가 한 머
리 스타일'이고, 최고의 취업 스펙은 '회사에 대한 관심과 자신에 대
한 자신감 있는 사람이 가진 스펙'이다. 기본적인 요소들, 즉 학벌,
전공, 학점, 영어 성적 등은 일종의 커트라인이기 때문에 턱걸이만
해서 통과되면 그 후엔 아무런 의미가 없다. 학점 0.1점, 토익 10점

을 높이려고 시간낭비하지 말고 일정 수준이 넘으면 자신의 본원적
인 경쟁력, 즉 회사와 업무에 대한 관심과 자신감을 키우기 위해 노
력하기 바란다.

6. 취업 준비의 키워드 : 자기주도성과 커뮤니케이션

1) 회사 취업의 절차

구체적인 준비에 앞서 회사의 신입사원 전형 과정을 간략히 알아
본다(지원 절차는 회사 홈페이지에 자세히 나와 있고, 취업 관련 카페 등에
차고 넘치도록 나와 있기 때문에 지원 경험이 없는 사람들을 위한 참조 정도
로만 적는다. 온라인상에서 '취업뽀개기'나 '스펙업' 같은 취업 카페에 가보
기 바란다). 신입이나 경력이 적은 사원이 대기업에 입사하는 방법은
다음 3가지 정도다.

A. 공채

매년 봄, 가을 2차례에 걸쳐 기업들이 신입사원 공채 공고를 내고
대규모로 한꺼번에 뽑는 형태다. 우리나라 대기업들이 신입사원을
뽑는 가장 공식화된 채널이고, 당연히 뽑는 인원도 가장 많다. 보통
3월과 9월쯤에 공지를 발표하고, 서류 접수 및 심사 → 인·적성 시
험 실시 → 면접 대상자 선정 → 면접 진행 → 최종 합격 공지의 일들

이 2~3개월의 기간 동안 진행된다(삼성처럼 서류 심사를 SSAT라 불리는 인·적성 시험으로 대체하는 경우도 있다. 실제 SSAT는 인·적성 시험이라기보다는 상식시험 또는 아이큐 시험에 가깝다). 봄에 뽑히는 인원은 7월쯤, 가을 선발인원은 이듬해 1월에 입사한다. 기업체들이 한꺼번에 공지를 띄우고, 인·적성 시험이나 면접 일자 등이 겹치는 경우가 꽤 많아 수십 개의 기업에 한꺼번에 지원하기는 어렵다.

B. 인턴

공채와 비슷하거나 약식의 채용 과정을 거쳐 정직원이 아닌 3~6개월 정도 임시직으로 일을 해보는 경우다. 지원자도 회사나 업무에 대해 익히고 자신의 적성에 맞는 기업체인지 확인할 수 있다는 점, 그리고 이력서에 한 줄 넣을 수 있다는 점 때문에 최근 크게 활성화되어 있다. 기업체 역시 정직원으로 바로 뽑는 것보다 일을 시켜보면서 장단점을 파악한 후 뽑을 수 있다는 점에서 많이 선호하기도 한다.

하지만 기업에 따라서는 인사팀에서는 목적이 있어 뽑았지만 정작 현업부서에서는 인턴에게 필요한 교육이나 가이드는 거의 안 해주고 하루 종일 복사와 커피 만들기만 하면서 허송세월하는 식으로 운영하는 경우도 있고, 일부 금융회사의 경우 말만 인턴이지 사실상 계약직으로 뽑아서 영업을 시키거나 판촉 등에 써먹는 경우도 많다. 인턴을 했다고 해도 정규직 뽑을 때 혜택을 전혀 주지 않거나 서류 전형만 면제해주는 경우가 대부분이고, 정말 가고 싶은 회사인데 아무것도 준비되지 않은 상태로 가서 자기 이미지를 망치는 경우도 종종 있으

므로 진짜 가고 싶은 회사에서 인턴을 하는 것에는 별로 동의하지 않는다. 대신 자신이 관심 있는 회사와 동일한 업종 혹은 유사한 성격을 가졌지만 규모가 작은 업체에서 인턴을 하는 것은 매우 좋은 경험이다. 특히 여러 가지를 생각하고, 고민할 수 있는 여유가 있는 2~3학년 때 짧게라도 인턴 생활을 해보는 것은 여러 모로 도움이 된다.

C. 경력 채용

취업 지원자들이 의외로 생각을 잘 못하는 방법인데 잘만 활용하면 굉장히 효과적인 취업 방법이다. 특히 학벌에 어려움이 있거나 스펙 중 하나(보통 영어)에 큰 문제가 있으면 이 방법이 훨씬 더 효율적

일 수 있다. 도움이 될 수 있는 사람이 많을 테니 아래에서 조금 자세히 설명하도록 한다(Case 8 참조).

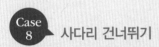

사다리 건너뛰기

대기업 커리어를 흔히 '코퍼레이트 래더Corporate Ladder', 즉 대기업 사다리라고 한다. 한 칸 한 칸 올라가다 보면 언젠가는 꼭대기에 도달한다는 의미인데, 대기업 사다리에 일단 올라타야 한다는 것과 올라타는 기회가 매우 좁다는 점이 문제다.

대기업의 신입사원 공채는 조건이 까다롭고, 너무 다수가 몰려들다 보니 실력이 괜찮은 지원자이지만 제대로 자신을 어필하지 못하고 탈락하는 경우도 많다. 요즘은 좀 덜해졌다지만 예전에는 면접에 5~6명의 지원자가 한꺼번에 들어가 질문 1개도 제대로 못 받고 20분이 안 돼 면접 끝내고 나오는 경우도 많았다(거의 서류로 내정해서 뽑은 경우가 많아서이다. 요즘은 서류만 보고 뽑는 경우는 별로 없다). 또는 다른 실력은 모두 괜찮지만 특정 스펙이나 학벌 등에서 밀려 서류 통과 자체를 못한 경우도 있다.

이럴 때 제일 좋은 방법은 사다리의 첫 칸을 다른 곳에서 시작하는 것이다. 즉 경쟁이 상대적으로 덜 치열한 중소기업에서 시작해서 경력이 조금 쌓이면 대기업으로 옮기는 것이다. 쉽게 말하면 경력직으로 이직하라는 것인데, 통상적인 이직과는 조금 다른 몇 가지를 함께 고려해야 한다.

첫째, 이런 형태의 사다리 건너뛰기가 가능한 업무는 기본적으로 직무 전문성이 상당히 높은 직무에 한정된다. 앞서 언급했던 대기업에서 필요한 전문성 중에서 대기업 내 인적 네트워크나 경영에 대한 전문성이 아닌 업무 전문성이 필요한 직무에만 해당되는 셈이다. 경력 2~3년 내, 최대 5년 전후에 옮기는 것이기 때문에 아주 많은 전문성이 있다고 할 수는 없겠지만 그 기간 동안 단일한 업무 혹은 바로 연결되어 있는 업무만 했어야 한다.

이런 형태의 이직에 용이한 직무는 마케팅과 재무, R&D, 그리고 IT 관련 엔지니어나 소프트웨어 개발자들이다. 마케팅 중에서도 전략 마케팅이나 마케팅 기획보다는 외부업체와의 컨택이 많고, 전략 수립에 대한 요구가 적은 매체 마케팅, 광고, 홍보, 금융권의 상품개발 등이 이에 해당되는 세부 직군이다. R&D는 우리나라의 산업 특성상 전기·전자, 금속, 기계 계열이 많다. 전자 제품 개발 인력, 임베디드 소프트웨어embedded software 개발 인력, 전장부품 설계 및 개발자, 자동차 관련 부품 등이 될 것이다. IT 분야는 대부분의 엔지니어 직군들이 어느 정도의 경험이 쌓이면 상당히 자유롭게 이직하는 편이고, 소프트웨어 개발 경력자들에 대한 대기업의 수요도 꾸준히 늘어나고 있는 편이다. 업종에 따라서 편차는 좀 있지만 영업직들의 대기업 이동도 상당히 잘 이루어지는 편이다.

전제 조건은 학부 전공과 경력 사이에 연관성이 있어야 한다는 것(영업, 마케팅 제외)과 경력 기간 동안 거의 다른 일을 하지 않고 한 분야에만 집중해야 한다는 점이다. '경력'이 대기업에 어필할 수 있는 유일무이한 원천이어서 그렇다.

둘째, 이런 이직은 헤드헌터를 통해서 이뤄지기보다는 대부분 인적 네트워크를 통해서 이뤄진다. 가장 이상적인 경우는 납품처가 대기업이었고, 그곳에 있는 고객이 자기 회사로 끌어주는 경우이다. 대기업 내부에서, 전문성이 있는 외부 인력인데 거래 관계를 통해 인성이나 조직 적응력 등을 확인했다고 내부 추천하는 경우 합격 확률은 매우 높아진다. 우리나라는 아직 초기 단계이지만 외국계 기업들의 경우 내부 직원이 추천해서 외부 인력을 데려오는 경우 레퍼런스 보너스Reference bonus라고 해서 추천 직원에게 상당히 큰 금전적 보상을 해주는 경우도 있다.

이런 식으로 이동하려면 평소에 거래처 고객들에게 매우 좋은 인상과 능력 있음을 잘 심어주어야 한다. 스펙은 몰라도 업무 배우는 것은 자신 있고, 사람과의 네트워크를 풀어가는데 능력이 있다면 그야말로 누이 좋고 매부 좋은 방법이다. 헤드헌터를 통해서도 가능하지만 그들은 자기들의 평판을 위해 가능하다면 스펙이 빠지지 않는 사람을 찾는다. 다시 말해 헤드헌터는 경력 5년의 지방대생보다는 경력 2년의 서울 상위권 대학 출신자를 구인 회사에 제안할 확률이 높다는 말이다. 결국 지원자 본인이 외부 영업이나 네트워킹 상황을 통해 자신을 고객에게 어필하고 그 고객이 자신에게 기회를 주도록 정말 열심히 해야 이런 이직이 성공할 수 있다는 것이다.

셋째, 이런 이직은 경력이 최대 7~8년차를 넘어가면 힘들어진다. 대기업에서 7~8년차가 되면 과장이 되기 시작하는데, 대기업 과장들에게는 직무 전문성과 함께 소규모 단위 조직에서의 리더십 발휘, 그리고 회사 내의 관련 부서와의 긴밀한 협업 관리 능력이 요구된다. 외부에서 전문성을 인정받을 정도로 자기 분야에서 열심히 일했다고 해도 이런 인력이 대기업 과장 타이틀로 바로 오는 경우 중소기업 경력의 특성상 대규모 조직 내에서의 상하 관계 조율, 스펙 좋고 자존심 강한 사원/대리급에 대한 통솔 등에서 약점을 보이는 사례가 많다. 자칫 과장 타이틀은 달고 있지만 그저 담당 업무에만 집중하고, 여러 내부 이해관계자 조율과 조직 관리는 아예 신경을 꺼버리기 쉽다. 이래서는 3~4년이 지난 후 팀장급이 되는 시점에 진급에서 누락되기 시작하고, 다시 중소기업으로 가자니 연봉이 안 맞고, 남아 있자니 갈수록 요구되는 리더십 역할 때문에 힘겨운 진퇴양난의 상황에 처할 수도 있다.

대기업은 대단히 촘촘한 인적 네트워크를 가지고 있고, 그 네트워크를 조심스럽고 다양하게 조율하면서 일이 진행되기 때문에 업무 전문성만 믿고 이직할 수 있는 것은 의사결정 권한이 부여되기 전인 고참사원~대리급이다. 조율을 잘하고 리더십이 있다고 하더라도 외부인이기 때문에 어쩔 수 없이 부족한 내부 네트워크는 직급이 올라갈수록 사람을 곤란하게 만든다. 전화 한 통으로 끝날 일을 수십 번의 이메일 주고받기로 일하고 있다고 생각해보라. 이런 이유로 해서 머리 좋고 경영 훈련 측면에서 둘째가라면 서러워할 전략 컨설턴트들이 높은 직급을 받고 대기업에 갔다가 1~2년을 못 견디고 떠나는 것이고, 외부 전문가라는 사람들이 대기업에 갔다가 좌절하는 것이다.

결론적으로 중소기업에서 쌓은 전문성을 활용해 대기업으로 이동하려는 사람은 반드시 경력 7~8년차 이전에, 가능하다면 5년차 이전에 옮겨야 이직도 하고, 커리어도 꼬이지 않으면서 대기업 사다리를 올라갈 수 있다(물론 이렇게 대기업을 갔는데 직급이나 연차를 대폭 깎이는 경우도 있고, 정규직이 아닌 계약직이 될 수도 있다. 대기업 신입 공채보다 확률이 높다는 뜻이지 결코 쉽다는 뜻이 아니다).

2) 면접 전형의 종류

대학생활 동안 충실히 실력을 쌓았으면 사실 어떤 면접이든 거뜬히 통과해야 하겠지만 사실은 그렇게 안 된다. 면접의 형태별로 요구되는 역량이 조금씩 다르고, 그에 따라 어느 정도의 별도 준비도 필요하다.

이제부터 면접 전형의 개략적인 형태와 각 형태별 준비 사항에 대해 알아보자(경력이 보통 5년 이상인 인력들이 모이는 MBA도 전문 취업 상담사들과 매주 1~2회 미팅을 하면서 취업 준비를 한다. 그것도 2년 내내. 이력서 수정부터 면접 기술, 업계 특성까지 수많은 정보를 나누고, 면접 훈련을 하면서 졸업 후 취업에 대비하는 것이다. 이렇게 훈련을 해야 MBA라는 명칭에 어울리는 좋은 직장을 갈 수 있다).

면접을 면접관 기준으로 나누면 보통 차·부장급 인력이 진행하는 기술/역량 면접과 임원급 인력과의 인성 면접으로 나뉜다. 회사에 따라서는 경력 10여년 정도의 과장급이 역량 면접을 하고, 차·부장급이 인성 면접, 임원들은 간단한 첫인상 확인 수준의 면접을 하는 경우도 있다. 외국계 회사의 경우 임원과 실무자가 같이 들어와 이 둘을 그냥 하나로 합쳐서 하는 경우도 있고, 팀장은 역량, 경력 사항 등을 확인하고, 팀원 전체와 같이 점심을 먹고 긴 시간에 걸쳐 이야기를 나누면서 인성과 팀원으로서의 조화 가능성을 확인하는 경우도 있다. 회사별로 면접관 구성이 어떻게 되는지는 공지되지 않으니 궁금할 경우 제일 좋은 방법은 취업 사이트에 들어가서 그 회사의 면접 후기를 찾아보는 것이다. 매년 조금씩 바뀌기는 하지만 큰 틀에서 바뀌는 경우는 많지 않기 때문이다.

물어보는 질문의 내용을 중심으로 보면 학력이나 경력 사항, 각종 스펙, 역량상의 장단점이나 사회 경험과 보유한 능력 등에 대해 물어보는 역량 면접과 삶에 대한 가치관, 태도나 대인 관계, 조직 생활 경험 등을 확인하는 인성 면접이 가장 일반적인 면접 내용들이다.

이외에도 복잡해 보이는 문제나 답이 없어 보이는 문제를 주고 답을 요구하는 케이스 면접과 수수께끼Brain teaser 면접, 논쟁적이거나 복잡한 문제에 대해 토론을 하는 토론 면접 등이 있다.

케이스 면접이 일반 기업체에서 사용되는 경우는 주로 그룹 토론 주제로 제공되는데, 회사 측에서도 많은 준비가 필요하고 여러 계열사가 섞이는 공채의 특성상 면접관이 물어보는 케이스의 사업을 모르는 경우도 있어 자주 진행되지는 않는다. 경영대 전공자가 아니면서 국내 대기업이나 금융권만 지원할 생각이라면 준비하지 않는 게 효율적이다. 이 형태의 면접을 꼭 준비해야 하는 사람들은 전략/IT 컨설팅이나 투자은행 혹은 외국계 회사 신입 등을 지원하는 소수의 사람들 정도인데, 혼자 준비하는 것은 매우 어려우니 별도의 스터디 팀을 꾸려서 장시간에 걸쳐 준비하는 걸 권장한다. 인터넷에서 '케이스 인터뷰' 정도로 검색을 하면 관련 책자도 여러 권 나와 있다.

수수께끼 면접은 황당하지만 논리력과 추리력을 확인할 수 있는 질문으로 지원자의 두뇌 능력과 순발력을 확인하는 면접을 말한다. 역시 국내 대기업에서는 별로 사용하지 않는 형태의 면접이다. 컨설팅과 투자은행 외에 창의력을 중요시하는 외국계 IT 회사 같은 곳에서 가끔 진행된다. 국내 대기업 중에는 SK 계열사에서 이 면접을 몇 번 진행했었던 것으로 알려져 있다. 얼마 전에 '구글 입사시험 문제'

라고 해서 인터넷에서 회자되었던 여러 문제들도 여기에 해당된다. 아래에 필자가 풀었거나 들어보았던 문제 몇 개를 소개하니 심심풀이로 풀어보기 바란다.

[면접 형식] 수수께끼Brain teaser 풀기

이 책을 너무 진지하게 읽으면 머리에 열이 날 것이니 심심풀이로 즐길 수 있는 문제 몇 개만 풀어보자. 실제 면접 때 이런 문제를 받으면 당황스러워서 쓰러질 것 같지만 평소 심심풀이용으로는 꽤 괜찮다. 답은 적지 않았으니 열린 마음으로 풀어보자(이 면접은 논리력을 확인하기 위한 과정이기 때문에 사고의 창의적 전환을 요구하는 소위 '멘사 문제'들과는 조금 성격이 다른 문제들이다. 어떤 의미에서는 수학적/공학적 문제 풀이 과정에 가깝다).

● 멘사 문제 유형

• 둥근 케이크를 칼로 3번 잘라서 8조각으로 만드는 방법은?

• 30분간 타고 꺼지는 코일 형태의 모기향이 2개 있고, 옆에 라이터가 있다. 이 세 개의 물체만을 이용해 45분을 측정하는 방법은?

● 수수께끼Brain teaser 유형

• 코끼리를 냉장고에 넣는 방법은?

- 지금 이 순간 미국 하늘에 떠 있는 민항기의 대수는 총 몇 대인가?

- 지금 마포대교 위에 있는 자동차의 대수는 총 몇 대인가?

- 맨홀 뚜껑은 왜 둥근 모양인가?

- 한국 내에서 콘 형태의 아이스크림은 하루 몇 개가 팔리는가?

- 에스키모인에게 냉장고를 팔아보시오.

- 하루에 시침과 분침은 몇 번 겹치는가?

- 우주에 올라간다면 볼펜과 만년필, 연필 중 어느 것을 가지고 갈 것인가? 이유는?

면접의 형태도 갈수록 다양해지는 추세인데, 필요할 때마다 소수의 인원을 선발하는 것을 선호하는 외국계 기업들은 주로 1:1 또는 1:2(면접관이 더 많음) 형태로 면접을 구성해 상당히 깊은 내용까지 확인하기도 한다.

　반면 우리나라 기업들은 전통적으로 N:1(지원자가 더 많음) 또는 N:N 방식을 많이 활용하는 편이다. N:1의 경우 사실 면접 자체에 의미를 두기보다는 다른 결정 요소가 좀 더 많은 편이고, 서류의 비중이 너무 높은 경향이 있어 요즘에는 외국계 기업처럼 지원자 1명을 대상으로 하는 형태로 바뀌고 있는 추세이다. N:N의 경우는 보통 1명의 면접관이 주도를 하고 나머지 사람들은 옆에서 평가만 하는 경우가 많다(우리나라 회사의 위계 분위기상 주도하는 사람이 당연히 상급자이고, 하급자는 상급자가 하는 질문에 대한 보조 역할 또는 지원자의 태도에 대한 관찰자 역할 정도를 수행하는 경우가 많다).

　자기 혼자 면접을 볼 때는 상관없지만 지원자 여러 명이 한 곳에서 동시에 면접을 보는 경우 자칫 조급해져서 옆 사람의 답변과 비슷한 요지의 말을 해서 차별성이 없어지거나, 자기에게 물어본 질문이 아닌 앞에서 다른 지원자에게 했던 질문의 답을 하는 등의 실수도 많이 한다. 또 필요 이상으로 오버해서 대답을 하는 바람에 괜히 어색해지고 부자연스러운 느낌만 주는 경우도 많다. 여러 명이 같이 있을 때 명심해야 하는 것은 평상심을 유지하는 것이다. 이걸 혼자 연습하기는 정말 쉽지 않기 때문에 평소 여러 명이 함께 집단으로 토론하는 훈련을 많이 하면 어느 정도 도움이 된다(대학원에서 세미나식 수업을 해본 사람이거나 학회 등에서 토론을 자주 하는 사람들이 아니라면 우리나라 대학생들은 토론 문화에 익숙하지 않을 가능성이 크다. 특히 이공대생 중 전공과 상관없는 분야에 지원했는데 면접이 이런 식으로 진행되면 그냥 입다물고 있다가 탈락한다. 연습이 필수다).

　토론 면접을 제외하면 면접관과 기본적으로는 1:1의 관계이고 이야기를 주고받는 형태로 진행되는데, 이러한 1:1 면접에서 예상을 하고 있어야 하는 상황이 하나 더 있다. 소위 '압박 면접'이라는 것이다. 주로 보유 역량에 대해 실무진들이 확인할 때 많이 쓰는 것인데, 세부적인 것을 계속해서 아주 집요하게 확인하거나, 아니면 답변자의 말을 중간에 끊고 대답 속도를 아주 빠르게 하길 요구하는 것 등이다. 지원자의 순발력과 즉흥적 대응력, 침착성 그리고 감정 통제력 등을 보자는 목적의 면접 방법인데, 면접관의 입장에서는 단시간 내에 가장 효과적으로 지원자를 파악할 수 있는 방법 중 하나여서 많이 애용되는 방법이다. 반대로 지원자 입장에서는 단순히 힘들거나 피곤하다 정도가 아니라 짜증이 나거나 심지어는 모욕당하는 느낌이 들 때도 있다. 지원자가 약자이니 화가 나도 참아야 하고, 또 감정 조절 능력을 보기 위한 것도 압박 면접의 목적 중 하나이니 절대적으로 참아야 하지만 개인적으로 압박 면접은 상대적 약자를 핍박하는 것 같아 썩 좋게 보이지는 않는다. 그러나 많이 사용하기 때문에 대응책에 대해서는 미리 생각해둘 필요가 있고, 특히 성격이 소심하거나, 욱하는 성격이 있거나, 당황하면 말을 더듬는 등의 습관이 있는 사람은 사전 준비를 많이 해둘 필요가 있다.

면접관이 '이제부터 압박 면접 하겠습니다'라고 말해주고 압박을 시작하는 경우는 없다. 당연히 끝나는 시점도 알 수 없으며, 사전에 압박 면접이 이루어지는지 확인할 수 있는 방법도 없다. 다만 면접관이 지원자의 스펙에 대해 의구심이 들거나 정확한 내용이 확인이 안 될 때 하나씩 세세하게 확인하다 보면 지원자가 압박을 느끼게 되는 경우가 생긴다고 하겠다. 앞에서 이야기했듯 압박 면접의 목적은 지원자의 정직성과 순발력, 감정조절 능력, 당당함 등을 보는 것이기 때문에 이에 대한 반작용이 생기기 가장 쉬운 지원자의 개인적인 면, 즉 경험이나 자질, 능력 등에 대해 집중된다(면접관이 미리부터 머릿속으로 '압박 면접을 해야지'라고 생각하고 들어가는 경우는 과거에는 좀 있었다고 하지만 요즘에는 별로 듣지 못했다. 아마도 눈에 보이는 스펙이 너무 좋은 경우에 자만심이 너무 강해서 조직에 어울리지 않을지도 모르겠다는 우려가 들거나, 혹은 자기소개서에 있는 내용이 너무 잘 쓰여 있어서 혹시 자기 경험이 아니고 어딘가에서 복사하거나 전문 업체에 맡긴 게 아닐까 싶을 때 꼬치꼬치 확인해봐야겠다는 생각이 드는데, 그런 상황이 지원자 입장에서 압박 면접이 될 것 같다).

1) 판단의 권한은 청자인 면접관에게 있다. 그의 권한을 침범하지 말 것

면접관의 입장에서 이건 자세히 알아봐야겠다는 생각이 들 만한 스펙이나 이력 사항이 당연히 첫 질문이 된다. 가령 학점이 매우 좋은 경우에 '공부 열심히 하셨나보네요?'라고 평범하게 물어보면 지원자가 즐거운

마음으로 대답하겠지만, '학점이 이렇게 좋은 걸 보면 대학생활 동안 공부 열심히 하신 모양인데, 이렇게 학과 공부만 하다 보면 다른 교양 쌓고 친구 만나고 견문을 넓히는 일은 하기 힘들었겠어요?'라고 부정적으로 물어본다면 압박의 시작인 셈이다. 그냥 평범하게 '대학 교육을 받을 기회를 주신 부모님께 감사하기도 하고, 학생으로서 기본자세라고 생각하기도 해서 학과 공부를 열심히 했습니다. 하지만 제 이력의 다른 부분을 보시면 아시겠지만 다양한 인간관계와 경험도 함께 쌓아 올리려고 노력해 왔습니다. 너무 바쁘게 살다 보니 천천히 즐길 수 있는 가끔의 여유가 그립기는 했지만요.' 정도로 답하면 큰 꼬투리를 잡기가 어렵다. 그런데 높은 학점에 대해 자부심이 강해서 이를 방어하려고 할 때 문제가 생기기 시작한다.

가령 다음의 말을 생각해보자. "학점이 높은 것은 학생으로서 당연하다고 생각합니다. 학점 외에 다른 많은 활동도 참여했었고, 다양한 경험을 쌓았다고 자부합니다. 학점만 가지고 판단하기보다는 다른 이력들도 함께 판단해 주시면 좋겠습니다."

이게 뭐가 문제야 하고 생각할 수 있겠지만 문장을 자세히 보면 지원자의 말에는 두 가지 문제가 있다. 하나는 자신의 높은 학점에 대한 자부심을 드러낸 것('학생으로서 당연', 그럼 학점이 별로 좋지 않은 다른 지원자는 학생으로서 당연히 해야 할 일을 하지 않았다는 것인데, 대학교가 학점만 따는 곳이던가?)이 하나이고, 다른 하나는 면접관의 판단 영역을 침범하는 부분('학점만 가지고 판단')이다. 자기 자부심을 강하게 드러내는 사람은 외국계 기업이라면 몰라도 우리나라 대기업 상황에서는 상대방에게 좋은 인상을 주기 쉽지 않다. 건방져 보이거나 공격적인 성향처럼 보이기 때문이다. 그렇지만 이건 면접관의 판단 영역을 침범한 듯한 후자에 비하면 그래도 괜찮다. 지원자가 가장 하지 말아야 할 실수가 면접관의 판단 영역에 대해 언급하는 것이다. 예를 들어, 잘 생겨 보이는 사람이 있어서 잠깐 쳐다봤는데 그 사람이 다가와서 '나 잘 생겼지?' 이렇게 말한다고 생각해보자. 원빈 정도로 잘 생겼다면 모르겠지만 아니라면 속으로 욕 나오기 십상이다. 면접에서도 마찬가지다. 면접관에게 자신이 학과 공부 이외에도 여러 가지를 다양하게 경험했다고 어필하고 싶으면 그냥 그렇게 정직하게 말하면 되는데, '내 말대로 판단해 주세요'라고 말을 하면 상대의 판단 권한을 침범하는 것이 된다. 당연히 듣는 면접관은 발끈하고 더 강도를 높여서 물어보게 된다. 의도치 않게 압박 면접을 부르는 것이다. 뒤에서 다시 다루겠지만 이야기를 나눌 때 주의해야 할 첫 번째는 듣는 사람의 권한인 '말하는 사람에 대한 판단'을 말하는 사람이 요구해서는 안 된다는 점이다. 판단 권한은 청자에게 있다.

2) 시종일관이 필수다. 중간에 말이 바뀌면 100% 압박 면접을 부른다

지원자의 이야기를 듣다가 가끔 앞서 했던 말과 표현이나 뉘앙스가 묘하게 바뀌는 느낌이 들 때가 있다. 혹은 지원 서류에 있는 표현과 미묘하게 다른 톤으로 말을 하는 지원자도 있다. 이럴 때는 정확한 확인을 위해 아주 세부적으로 물어보게 되고, 말에 대해 자꾸 의심을 갖게 되어 자연스럽게 압박 면접이 된다.

가령 '~을 제가 했습니다.'라고 자기소개서에 씌어 있는데 말로 설명

하는 걸 들어보니 '~을 제가 주도적으로 했습니다.'라고 하는 때 같은 경우다. 앞의 말은 100% 내가 진행했다는 이야기이고, 뒤의 이야기는 뭔가 집단을 이루어 했고 그 안에서 자신의 역할이 컸다는 말이다. 작은 경험이라면 별 것 아니겠지만 인턴에서 수행한 업무나 동아리 등의 조직에서 자신의 업적이라고 말하는 경우라면 상황이 다르다. 이런 차이는 당연히 추가 질문을 부른다. '잠깐만요, 여기서는 혼자 한 것처럼 써놓으셨는데 말하는 걸 들어보니 친구들하고 같이 했나 봐요?', 또는 '잠깐, 주도적의 의미가 뭐죠?' 같은 것들이다.

실제 필자가 면접관으로 참석했던 면접에서 자신의 인턴 기간 동안 전자제품 시장을 조사했는데 시장 분류 기준 수립, 시장 관련 자료 정보 출처 확인, 데이터 수집 및 정리, 보고서 작성까지 자기가 했다고 주장한 지원자가 있었다. 그런데 자기소개서엔 자기가 다 한 것처럼 적혀 있었는데 설명을 듣다 보니 대리급 인력의 도움을 받아서 자기가 주도적으로 했다고 했다. 뭔가 약간 의심쩍은 느낌이 들어 하나씩 물어보기 시작했다. 분류 기준은 뭐였냐?, 어떤 근거로 그런 기준을 세운 거냐? 정보 출처는 어디였냐? 어떻게 그 출처를 찾은 거냐? 왜 그 정보 출처가 신뢰성이 있다고 판단한 거냐? 기준과 출처에 대한 윗사람들의 피드백은 어떠했냐? 등등. 보통 이런 질문 서너 번 들어가면 실체적 진실에 가까운 대답이 나온다. 실상은 대리급 인력이 모든 기준을 세우고 자료 수집을 위한 엑셀 템플릿까지 만들었고, 지원자는 자료를 다운로드 받아서 단순 정리만 했다는 것이었다. 한 번 의심이 들면 자꾸 다른 것도 의심스러워진다. 다른 일들에 대해서도 비슷한 강도의 질문이 이어졌고, 당연히 그 지원자는 탈락

했다.

고백컨대 필자는 100% 실체적 진실만을 지원서에 쓰고, 면접 때 이야기하라고는 말 못하겠다. 이렇게 청렴결백하게 살기도 힘들고, 심지어 자기가 직접 했어도 지원 과정을 거치다 보면 잊어버리거나 기억이 꼬이기도 할 수 있으니 말이다. 다만 면접에 가기 전에 자기가 쓴 자기소개서는 아주 꼼꼼하게 살펴보고 가고, 일단 말을 했으면 단어 표현이든 뉘앙스든 최대한 일관성을 유지하기 바란다. 면접관들은 지원자보다 사회생활을 최소한 10여년 이상 더 한 사람들이다(대체로 대기업에서 면접관으로 가는 사람들은 그 연배 인력 중에서도 높은 평가를 받고 있는 유능한 인력일 가능성이 높다). 대학 졸업반 정도의 지원자들은 필요하다면 얼마든지 들었다 놨다 할 수 있다. 한 번 말꼬투리 잡히면 엄청나게 시달려야 하고, 이런 경우 대부분 탈락이다.

보통사람들은 검사가 불러 수사실에 끌려들어가면 없는 죄라도 만들어서 고백해야 할 것 같은 압박을 느낀다고 하지 않는가? 지원자가 범죄자는 절대 아니지만 면접관들은 자신의 결정(합격/탈락)의 근거가 필요하고, 이를 위해 어느 정도의 압박이 필요하다면 얼마든지 압박할 의사가 있는 사람들이다. 매우 어렵겠지만 면접에서 일관성 유지는 필수이고, 이를 위해서도 사전에 많은 연습을 해보는 수밖에 없다.

3) 악의적인 압박 면접에 대한 대처법 : 웃자!

면접을 보다 보면 앞서 필자가 설명한 '상황에 따른 압박 면접'이 아니라 원래 성격 자체에 문제가 있는 면접관이어서 그렇게 묻는, 정말 '악의와 냉소가 팍팍 느껴지는 면접'이 진행될 때가 있다. 정말 지원자의 머릿속에는 '나쁜 놈'이라는 말이 100번은 더 떠오르게 하는 사람인데, 가령 이런 말을 하는 사람이다. '이런 학점으로 우리 회사를 지원할 생각을 했어요?', '난 이 대학교 들어보지도 못했는데 서류 어떻게 통과했지?', '토익 900점 요즘 필수인 거 몰라요? 공부 되게 안 했나 보네?' 같은 식으로 인격 모독에 가깝게 물어보는 형태다.

어떤 경우에서건 지원자가 감정을 드러내는 건 절대 금물이다. 단순히 면접을 통과하고, 못하고의 문제가 아니라 면접 때 이 정도 질문은 나중에 사회생활하면서 느끼게 될 모욕감에 비하면 약과이기 때문이다. 저 정도 말을 사회생활에서 누가 하겠어 하는 사람도 있겠지만 아버지나 혹은 사회생활 경험이 있는 사람에게 차분히 물어보기 바란다. 차라리 말로 욕신나게 얻어먹더라도 거래처가 끊기거나, 부서에서 밀려나거나, 혹은 나중에 명예퇴직을 당하는 것보다는 수만 배 낫다고 말할 테니 말이다.

혹시라도 면접 때 저런 질문을 하는 면접관을 만나면, 나중에 사회에 나가면 겪게 되는 일에 대해 '안전한' 환경에서 훈련하고 있는 것이라고 생각하자(지원자 입장에서 면접에서 탈락하는 것이 뭐가 안전하냐고 할지 모르겠지만 거래가 끊어져서 회사가 부도나거나, 회사에서 쫓겨나 먹고 살 일이 없어지는 상황보다는 훨씬 안전하다). 그리고 면접이 끝난 후 여기 저기 그 회사에 대해 SNS로 죽어라고 욕하면서 풀자. 소비재 하는 회사면 불매운동을 해도 된다. 그렇지만 '절대로' 면접장에서 감정을 드러내서는 안 된다. 감정을 누른다고 누르지만 이쪽도 말이 거칠어지거나 냉소적으로 변하는 경우가 있다. 이것도 감정 조절 실패다.

좋은 대처 방법 중 하나는 그냥 쿨하게 인정하는 것이다. 가볍게 미소 띤 얼굴, 그리고 하고 싶은 말을 덧붙이는 것이다. "네, 제 학점이 다른 지원자들보다 낮을 것 같습니다. 대학 시절 다양한 경험에 초점을 두다 보니 학과 공부에 조금 소홀했습니다. 하지만 그 덕분에 저는 ~도 경험해 볼 수 있었고, ~ 같은 것도 배울 수 있었습니다. 학점이 개인 역량의 가장 중요한 판단 지표가 되는 대학원이라면 제가 딱히 드릴 말씀이 없지만 회사생활은 종합예술이라고 들었습니다. 저의 여러 다른 장점들이 좋은 경쟁력의 원천이 될 것이라 생각합니다. 혹 제가 지식 등이 부족한 점이 있다면 회사생활에서도 보충하려고 최선을 다하겠습니다." 또는 "학교 평판이 귀사의 평균에 비해 많이 낮은 것 같습니다. 저도 좀 더 좋으면 하고 생각해 봤습니다만 다른 면에서 생각해보면 제가 합격한다면 저는 학벌의 도움 없이 제가 생각하고, 말하고, 행동하는 것들로만 평가 받을 수 있어 오히려 장기적으로 제 경쟁력이 커지고, 언더독Underdog으로서 성공에 대한 열망이 커서 그만큼 회사에 더 기여할 수 있을 것이라 기대합니다. 학교 명성은 낮지만 저의 지적 역량이나 학습 능력이 평균 이하가 아 닙은 제 학점이나 기타 점수들, 그리고 인턴 등의 사회생활 경험이 보여 주고 있다고 생각합니다." 같은 식으로 말이다. 물론 얼굴에는 계속 작은 미소를 머금은 채.

감정을 조절하면서 성숙한 사람답게 대답을 하자. 나쁜 녀석에게 맞상 대하기보다는 '나는 네가 생각하는 것보다 성숙한 사람이고, 멋있는 사람 이다'라고 대응하는 것이 진짜 경쟁력 있는 사람이다. 삶은 길고, 면접보 다 어려운 일들은 얼마든지 생기니 성숙하게 대응하도록 노력하자.

● 필자가 MBA를 마치던 해에 국내 대기업 중 한 곳에서 면접을 보게 되었는데 하필 면접관이 악질적인 압박 면접을 즐기던 사람이었다. 면접 도중 욱하고 흥분했던 필자는 결국 면접 중간에 나오고 말았 다. 온몸이 떨릴 정도로 화가 났고, 끊었던 담배를 한 자리에서 5대 나 몰아 피우고서야 겨우 진정할 수 있었다.

그 짜증나는 기억은 그 후로도 가끔 나의 꿈에 나타나 나를 비웃었 다. 자신의 약점을 악의적으로 들춰내서 물어보는 사람들에게 맞대 응하다 보면 별로 약점이라고 생각하지 않았던 것들이 오히려 시간 이 지나면서 계속 마음에 걸리고, 결국 하나의 트라우마처럼 사람을 괴롭히게 된다.

정신이 건강한 사람은 자신의 약점이나 힘든 기억에 대해 당당하다. 그 약점의 존재에 대해 인정하기 때문에 그 약점과 자기 자신을 분 리해서 생각할 줄 아는 것이다. 인정하는 순간 약점은 나의 마음속에 있지 않은, 외부적인 존재가 되기 때문에 그만큼 마음이 편해지는 것이다.

다만 우리는 약하디 약한 인간인지라 과거의 상처나 약점에서 벗어나는 게 생각처럼 쉽지 않다. 이 때 하나의 해결 방법이 자신만의 의례ritual를 갖는 것이다. 어떤 형태든 좋다. 쉽게 생각할 수 있는 것처럼 종교 시설에 가서 조용히 예배를 드리는 것도 좋다. 학벌이 맘에 안 들던 한 지원자는 면접에서 학벌 언급이 나올 때마다 서울대 정문에 가서 학교 상징물 앞에서 욕을 하면서 마음을 다스렸다고 하고, 70곳이 넘는 서류 전형을 탈락한 지원자는 매일 아침 학교의 계단 70개를 올라가면서 스스로에게 괜찮다고, 잘하고 있다고 위로했다고 한다. 일상에서 분리된, 자기만이 인식할 수 있는 방법의 의례는 마음의 안정을 준다. 그리고 그걸로 충분하다. 마음이 안정되면 차분하게 자신의 약점에 대해 인정하고, 이를 표현할 수 있게 된다. 그 때쯤 되면 마음의 상처가 어느 정도 치료된다.

 토론 면접 & MECE

토론 면접은 주제나 방법 등에 대해 사전에 알려주는 것이 거의 없기 때문에 지원자의 평소 실력을 보는데 굉장히 유용한 도구라고 한다. 보통 전공 특성상 논쟁이 많은 사회과학대생이나 팀 프로젝트를 많이 하는 경영대생들이 상대적으로 두각을 드러내는 면접이기도 하다. 그럼 토론 면접

에서 이 전공자들은 무조건 유리하고, 타 전공자들은 무조건 불리한 걸까?

최근 취업지망생들이 토론 면접에 들어와서 보이는 태도를 보면 일단 어느 정도 사전 연습을 하고 오는 것처럼 보인다. 그들은 곧잘 토론을 이끌어가는 사회자의 역할을 하는 퍼실리테이터facilitator, 토론 내용을 정리하고 이야기의 흐름이 주제를 벗어나게 하지 않는 기록자 및 게이트 키퍼recorder & gate keeper, 강하게 주장을 펴는 대변자advocate와 반박 논리를 주장하는 반대자devil's advocate 등의 역할을 누가 시키지도 않았는데 능숙하게 맡아서 토론을 한다. 그런데 기술적으로 토론을 하는 것 말고, 기본적인 부분에서는 확연한 차이를 보인다. 그리고 그 기본적인 부분에서 지원자에 대한 평가가 갈린다. 바로 제대로 된 질문을 하는 능력과 구조화 능력 말이다.

토론에는 특정한 기술적 부분들이 있다. 토론 면접이 평가하는 요소는 사안에 대한 이해력, 논리력, 대안 마련 등의 문제 해결력, 경청하는 자세와 겸손하지만 자신감 있는 말투 등의 태도, 타 참여자와 이견을 조율하고 대립되는 의견에서 결론을 끌어내는 팀워크 등이다. 우선 자기의 이야기는 요지만 중심으로 최대한 간략하게 말하기, 앞서 말한 사람에 대한 반론을 제기할 때는 사람에 대한 공격이나 말 전체에 대한 공격이 아닌 의견이 다른 부분에 대해서만 논박하기, 토론 참여자 전체를 돌아보면서 말하기, 타인의 말을 중간에서 끊지 않기, 웃는 표정 유지하기 등이다. 이것은 많은 연습이 필요하기는 하지만 팀을 이뤄 연습하다 보면 곧 잘할 수 있게 된다. 추가적인 도움이 필요하면 관련 서적을 읽어봐도 된다. 그리고 평소 남들 앞에 나서서 이야기하는 것을 잘 안 해봤거나, 논쟁을 피하는 성격이었던 사람이라면 연습이 더 필요할 것이다. 그렇지만 이것 역시 연습을 웬만큼 하면 된다.

그런데 이런 기술적인 부분에 대한 연습은 당신을 토론 면접에서 평균점으로 만들어줄 수 있을지는 몰라도 눈에 띄는 사람으로 만들어주지는 못한다. 앞서 이야기한 것처럼 토론 면접은 평소 그 사람의 역량을 가장 잘 보여주는 면접으로 평가되고, 상대적으로 다른 형태의 면접보다 변별력이 강하다고 한다. 실제로 면접관으로 들어가 봐도 1명씩 들어오는 인성/역량 면접보다 여러 명을 비교할 수 있는 토론 면접에서의 인상이 훨씬 강력하게 다가온다.

토론 면접에서 눈에 띄는 사람은 대략 다음 3부류이다. 우선 그 주제에 대해 아주 잘 알고 있는 것 같은 사람. 둘째는 적절한 타이밍에 적절한 질문을 하는 사람, 셋째는 주제에 대해 체계적인 접근을 보여주는 사람이다.

이들 가운데 첫째 부류인 주제에 대한 지식이 많은 사람은 의외로 높은 점수를 받기 힘들다. 보통 그 주제에 대해 잘 알고 있는 경우 토론을 주도하는 느낌은 있지만 그 주장의 근거가 자신의 짧은 경험 또는 몇 가지 지식에 기반한 경우가 많아 주장의 깊이가 약하다. 또 자신의 지식을 드러내기 위해서인지 아니면 많이 아는 주제가 나왔다는 즐거움 때문인지 말이 지나치게 많고 길어 장황한 느낌이다. 자칫하면 아는 건 많은데 두서가 없는 사람이라고 평가 절하되기 십상이다.

적절한 질문과 체계적인 접근은 겉에서 보기에는 두 가지 재능이지만 실제로는 '문제 해결력' 혹은 '구조화 능력'이라고 부르는 하나의 능력이다. 그리고 이 능력을 실제 토론 면접장에서 발휘할 수 있다면 대단히 강력한 힘을 발휘한다.

토론 면접에서 나오는 토론 주제 역시 마찬가지다. 사회에서 벌어지는 일이든, 회사 경영에서 벌어지는 사건이든, 혹은 개인에게 일어나는 문제든 대부분의 주제들은 단숨에 답을 찾기에는 너무 복잡한 문제들이다. 가령 '노인들에 대한 기초연금과 국민연금을 연계하는 것이 옳은가'라는 질문처럼 복지 전공 교수들이 나와서 밤새 토론을 해도 결론이 안 나올 정치적 문제부터 '나는 왜 애인이 안 생길까' 같은 개인적인 문제까지 단번에 답을 찾을 수 있는 문제는 별로 없다.

쉽사리 이해가 되지 않거나 답을 찾기가 어려운 문제는 어느 정도 이해가 가능한 몇 가지 작은 요소들로 나누거나, 혹은 몇 개의 단계로 나누는 등의 작업이 선행되어야 한다. 이렇듯 큰 범위의 문제를 '이해할 수 있고, 해답을 찾을 수 있으며, 실행할 수 있는' 단위까지 나누어서 해결하는 방법을 구조화라고 부르고, 이 때 적용하는 기법을 MECE('Mutually Exclusive, Completely Exhaustive'라는 표현의 첫 글자를 딴 것으로 '미씨'라고 읽는다. 모두를 포괄하되 서로 중복되지 않는 항목으로 문제를 나누는 기술을 말한다)라 한다.

예를 들어, 라면만을 파는 분식점을 당신이 운영하는데 실적 부진을 겪고 있다고 해보자. 이 경우 찾아야 하는 답은 실적을 개선하는 방법이 될 것이다. 실적이 부진한 것은 품질, 맛, 가격, 내부 청결 상태, 서비스와 같은 분식점 내부적 문제 때문일 수도 있고, 점포의 위치가 나쁘거나 근처 학원이 이동을 했거나 상가 전체의 손님이 줄어든 것 같은 환경상의 변화, 그리고 주변에 경쟁 분식점이 생기는 것 같은 경쟁 상황의 변화 등으로 이유를 나눠볼 수 있을 것이다. 이렇게 잠재 원인을 하나씩 나누고 나면 각 사항에 대해 확인해볼 수 있고, 확인 결과에 따라 개선점과 개선 가능성, 그리고 개선 방법 등을 마련할 수 있다. 가령 내가 팔고 있는 라면 가격이 경쟁 분식점이나 대체재(피자나 치킨 같은)에 비해 비싼 것이 원인으로 나온다면 가격 테스트 후 얻어진 고객들의 가격 탄력성과 내 가게의 원가 구성에 근거해 적절한 수준의 가격 인하를 단행하는 것이 해결책이 될 것이다. 만약 근처에 있던 대형 학원이 이사를 가서 손님이 줄어든 것이라면 다른 학원이나 유동인구를 만들어낼 업체가 빈 상가에 들어오는지의 정보 수집이 해야 할 일의 1순위가 된다.

이렇듯 문제를 '이해와 실행이 가능한 수준'으로 나눠 놓으면 문제 해결에 대한 답과 실행 방안을 어느 정도 얻을 수 있다. 그리고 이러한 구조화 과정은 어떤 주제에 대해서건 적용해볼 수 있다. 구조화가 만능도 아니고, 세상일이라는 것이 논리를 벗어나서도 얼마든지 진행될 수 있기 때문에 100% 유용하다고는 할 수 없지만 사안을 분석하고 논리적 대안을 마련하는데 있어서 이보다 좋은 방법은 없다고 한다.

토론 면접과 관련해서 다음 사항을 꼭 기억하자. 토론에서 가장 임팩트 있는 모습은 '제시된 문제를 논의가 가능한 수준까지 논리적으로 나누어서 이해하는 능력, 혹은 이렇게 논의가 되지 않을 때 중간에 브레이크를 걸고 적절한 구조화를 위한 확인/점검이 필요한 사항에 대해 질문하는 모습'이다. 토론 면접을 연습하라고 하면 모두 겉에서 보이는 '눈 마주치고, 고개 끄덕이고, 퍼실리테이터처럼 행동하는' 것을 생각하는데, 그런 건 모두 부차적인 것뿐이다. 핵심은 제시된 문제의 본질을 파악해 이를 적절히 해석하고, 그에 대한 논리적 대안을 찾아가는 능력이다. 이런 능력이 없는 상태로 토론 연습을 백 번 해봐야 그저 기계적 연습만 반복한 사람 이상으로는 절대 보이지 않는다.

이를 위한 최고의 연습은 구조적으로 잘 짜여진 책을 읽는 것이다. 하나의 사안에 대해 철저하게 구조화해서 나누고, 각각을 분석하고, 대안을 찾는, MECE적인 방법으로 쓰여진 책을 꼼꼼히 보는 것이다. 바바라 민토Barbara Minto의 〈Pyramid Principle〉은 MECE 방법론에 대해 구체적으로 설명하고 있는 기술서이고, 리처드 도킨스Richard Dawkins의 〈만들어진 신〉 같은 책을 보면 MECE 원리가 거의 완벽하게 적용된 논설문이 얼마나 아름다울 수 있는지 잘 보여준다. 유명 현대 철학자들이 쓴 원저들—유명 저작들을 재해석한 책 말고 원 저서, 가령 미셸 푸코의 저서들을 모아서 비평하는 책보다는 그의 〈감시와 처벌〉 같은 책을 말한다—

역시 대단히 촘촘히 논리 구조가 만들어진 책이기 때문에 논리력 향상에 큰 도움이 된다.

1) 서류 전형

취업지원자들은 물론이고 회사에 오래 다니는 사람들도 서류 전형 과정이나 면접 후 선발 과정에서 정확히 어떤 일이 벌어지는지를 아는 사람은 드물다. 인사팀의 비밀주의(인사팀은 원래 감사팀과 함께 회사에서 가장 비밀이 많은 조직이다. 회사가 좋을 때는 연봉 인상이나 보너스 지급, 승진 등, 회사 실적이 안 좋을 때는 정리해고나 인력 재배치 등 확정되기 전까지 소문이 잘못 나가면 큰 문제가 될 수 있는 주제들을 다루기 때문이다. 입이 가벼우면 인사팀에서 오래 살아남기 어렵다) 탓도 있고, 현업 직원들이 어떤 인력을 뽑고 싶다는 기준은 아주 명확하고 인사팀을 리딩하지만 뽑는 과정이나 세부 선발 기준에 대해서는 별 관심이 없기 때문이기도 하다.

보통 일반적인 대기업 공채에서 서류 전형은 기본적으로 철저하게 서열화된다고 보면 된다. 엑셀에 전체 지원자의 세부 스펙을 집어넣고 줄 세우기를 하는 것이다. 가장 일반적인 기준은 학벌이다(삼성 등 인·적성 시험을 통해 서류를 통과할 수 있는 회사는 제외). 예상할 수 있는 것처럼 지원자들은 SKY(업종에 따라 카이스트나 포항공대 추가), 서울의 4대 사립(순서는 상관없이 서강대, 성균관대, 한양대, 이대 정도가 포함된다. 그냥

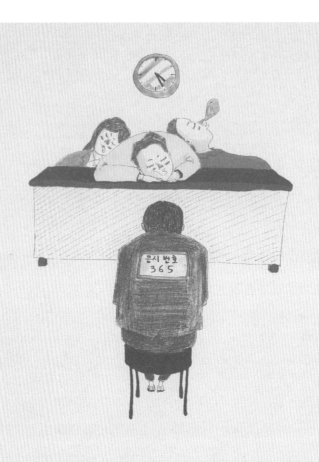

'서울 내 대학교'로 묶기도 한다), 외국 대학교, 나머지 서울 내 대학교, 지방 국립대, 기타 등으로 나뉜다. 이렇게 나누고 다시 전공, 학점, 토익 점수 등으로 줄을 세운다. 현재까지 알려져 있기로는 SSAT를 합격하면 면접 기회를 주는 삼성을 제외한 다른 대기업들은 대부분 이런 방식으로 서류를 나누고, 인·적성 검사는 '통과/미통과' 방식이다. 서류 및 면접 기준을 통과해도 인·적성 검사 결과가 나쁘면 그냥 탈락한다.

줄 세우기 다음부터는 전략적인 판단이 들어간다. 무슨 말인가 하면,

가령 올해는 '지방 학생의 비중을 전체 인원의 30% 이상 선발하겠다'라고 경영진이 결정하면 그에 맞춰 비중들이 결정되는 것이다. 이 경우 지방 국립대와 기타 지방대를 합쳐 30% 정도의 후보자를 선발하고, 나머지는 70%에 배치되는 식이다. 국내 10대 그룹(공기업 제외시 삼성, 현대자동차, SK, LG, 롯데, 포스코, 현대중공업, GS, 한진, 한화)과 기타 몇 개의 대기업(은행 등 금융권, 한국토지주택공사, 한국전력공사, 한국도로공사와 같은 대형 공기업 및 KT 등 업종 내 유명 기업)들은 보통 SKY의 비중이 20% 내외라고 한다. SKY 학부 기준 한 해 졸업생이 1만 명 정도일 텐데, 대기업의 한 해 대졸 공채 인원은 최대로 잡았을 때 5만 명이 안 되는 수준이니 이들 가운데 20%, 즉 1만 명이 SKY에 할당되어 있는 셈이다. 따라서 석사 졸업자도 있고, 재취업자도 있고, 기졸업자, 경력 1~2년 미만 신입지원자까지 포함한다고 해도 SKY가 취업에 대단히 유리하다는 점은 부정하기 어렵다.

솔직히 말해서 10대 대기업 계열사, 즉 대략 상위 300대 기업체에서 서류 통과를 해주는 한계치는 지방 국립대 정도다. 생산직이나 영업식의 경우에는 좀 더 넓게 뽑지만 말이다(대졸 생산직은 정확히는 생산관리직이다. 생산 라인에서 직접 투입되어 일하는 노동자는 주로 고졸이나 초대졸이고, 이 인력들을 관리하거나 라인에 투입된 설비를 관리하는 직무는 대졸 사원들이 진행한다. 군대에서 하사관 이하 인력과 장교 인력의 차이라고 보면 된다). 자기 학교가 애매하다고 생각되면 앞서 언급한 것처럼 중소기업에서 커리어를 키워서 대기업으로 사다리를 바꿔 타는 것이 치열한 대기업 신입사원 입사 경쟁을 뚫는 것보다 현실적이다.

이 서류 전형 줄서기의 과정은 아주 냉혹하게 진행된다. 대부분의 기업체에서 면접 때는 어느 정도의 유연성이 있다. 가령 1명을 최종 선발할 계획이었는데 아주 좋은 인력 2명이 왔다면 2명을 뽑을 수도 있다는 말이다. 그렇지만 서류 전형 때는 인사팀에서만 진행하기 때문에 이런 고려 없이 그냥 냉정하게 잘라낸다. 면접대상자 50명을 선발한다고 하면 기준에 맞춰 줄을 세운 후에 51등부터는 그냥 탈락 통보를 보내는 것이다. 아마 합격한 50등과 탈락한 51등의 스펙 차이는 종잇장 한 장도 안 될 것이다.

그런데 이렇게만 생각하면 토익 점수 5점이라도 올려야 할 것 같고, 학점 0.1점이라도 올려야 할 것 같다. 그렇지만 이게 다가 아니다. 소위 점수로 표현되는 스펙들이 전체 점수에서 차지하는 비중은 1/3 정도다. 앞서 언급한 학벌이 1/3의 영향력, 점수로 표현될 수 있는 영어나 학점 등이 1/3이다. 그리고 나머지 하나가 바로 정성적인 기준인 자기소개서다. 지원자들을 줄 세우는 기준 중에는 인사팀 추천 또는 인사팀 가중치라는 것이 있다. 즉 스펙으로는 이 지원자가 약할 수 있으나 자기소개서 혹은 경력 사항 등의 항목에 인사팀에서 가점을 주어 면접 대상자로 선발하는 것이다. 면접관으로 나가보면 이렇게 해서 면접에 선발된 사람이 전체 선발자의 1/4~1/5 정도는 충분히 된다. 대체로 학벌이나 점수 등에서는 조금 아쉬운 부분이 있지만 지원 분야와 관련한 경력이 1~2년 있거나 혹은 관련 인턴 경험이 상당히 있는 인력들이다(물론 유력인사의 자녀라는 사람들도 아주 가끔은 포함되어 있을 수 있다. 그런데 이건 주로 인턴 채용에서이고, 정규직 공채 때는 아직 보지 못했다. 대기업 신입 공채는 상당히 투명하게 진행되는 것 같다. 총수 가문 사람은 어차피 공채를 안 보니 논외로 하고).

경력이 있는 신입지원자들의 경우 작은 회사에서 1년 정도를 보낸 후 그 분야의 큰 회사를 지원하는 경우가 많다. 이들은 업무에 대한 이해도 어느 정도 있지만 무엇보다 기업체라는 조직의 성격에 대해 이해를 하고 있고, 대인관계에서도 대처 능력이 좋은 편이라서 일단 서류가 통과되면 면접에서도 통과될 가능성이 높은 편에 속한다. 그리고 회사에 와서도 일을 일정 수준 이상으로 잘 해낸다. 이를 알고 있기 때문에 인사팀에서도 이런 인원의 서류 통과를 시키는 것이다(아무 경력이 없는 지원자의 경우 스펙이 월등하지 않는 한 자기소개서를 아무리 잘 써도 이런 효과를 얻기 어렵다. 이런 앞뒤 사정을 모르면 '토익 950점에 서울 중위권 4년제인데 서류에서 모두 탈락했음. 인사팀 자기들은 옛날에 훨씬 못했으면서 뭥미?'라는 글만 인터넷 커뮤니티에 남기게 되는 것이다).

2) 면접

면접과 관련된 기술적인 이야기들은 다른 곳에서도 계속 설명하고 있기 때문에 여기서는 지원자들이 알아뒀으면 하는 사항 하나만 이야기한다. 바로 면접관의 상태와 심리에 대한 것이다.

면접 당일이 되면 면접관들은 면접을 보러온 지원자들보다 훨씬 바쁘다. 아침 일찍 나와서 면접과 관련된 사항을 체크하고, 회사 방침에 따른 면접 질문지와 평가 기준을 확인하고, 지원자들의 스펙이나 자기소개서 등을 확인하는 과정을 거친다. 그 직후부터 하루 종일 면접자들을 만나게 되는데, 상황에 따라서는 하루 10여명을 면접하는 경우도 생긴다. 휴식 직후에는 좀 낫지만 대체로 오전 11~12시, 오후 4~5시 사이에는 대단히 피곤하다. 집중력도 잘 안 생기고, 가끔 물었던 질문을 또 묻게 되는 경우도 생긴다.

사람이 아무리 체력이 좋아도 지원자 사항에 대해 꼼꼼하게 챙기고, 답변 내용에 대해 곱씹어보고, 이를 점수로 환산해 평가하는 작업은 대단히 힘들다. 10명 정도 되면 하늘이 빙빙 도는 느낌이다. 때문에 마지막 한두 명에 대해선 웬만하면 넘어가는 관대한 사람이 되거나 신경질적으로 물고 늘어지는 압박 면접관이 되는 것이다. 물론 지원자 입장에서는 면접관이 지친 시간대를 피해서 면접을 볼 수 있는 선택권은 없다. 그런데 이 이야기를 하는 이유는 이미 피곤한 면접관들을 더 피곤하게 만들지 않을 수는 있기 때문이다.

세상에서 힘든 일 중 하나가 재미없는 '자기 자랑'을 지켜보고 있어야 하는 것이다. 요즘 '끼'니 '창의성'이니 하는 말들을 강조하다 보니 자기 자랑을 준비해오는 지원자가 갈수록 늘어난다. 맨 처음 자기 소개 시간이 특히 문제다. 마치 연극배우처럼 준비해온 대사를 읊조리는데 대체로 재미없다. 특히 피곤한 상태인데 지원자가 웃기지도 않은 유머를 하거나, 엉뚱한 비유를 하면서 자기 소개를 하면 더 피곤해지고 집중력이 확 떨어진다. 앞서 여러 번 언급했지만 이런 자리에서는 참신함으로 승부하려고 하지 말고 그저 당당하고 자신감 있는 모습으로 자신에 대해 정확히 어필하면 된다. 대부분의 학부생 인생은 아무리 참신하게 비유해도 비슷비슷하다. 차라리 짧고 굵게 자기 소개를 하고, 왜 이 회사에서 승부를 보고 싶은지 정도만 조금 자세히 이야기해도 충분하다. 연극적 접근이 필요한 곳은 엔터테인먼트 회사에 오디션 볼 때이지 대기업 신입사원 지원하는 때는 절대 아니다.

3) 자기소개서와 면접의 내용 준비

이제까지 경력의 첫걸음을 내딛기 전에 회사라는 것이 어떤 곳이고, 그곳에 가면 어떤 일을 겪게 될 것인지 알아봤다. 또 첫 관문이라고 할 수 있는 신입사원 채용 절차에 대해서도 간략하게 살펴봤다. 이제부터는 취업의 기술적인 준비에 대해 이야기해보자.

기술적인 준비의 핵심은 자기소개서와 면접 때 사용될 커뮤니케이션 기술이다. 보통 커뮤니케이션 기술이라고 하면 '눈을 보고 이야기한다, 악수는 중간 강도로 한다'와 같은 굉장히 지엽적인 내용만 떠올리는데, 여기서 말하고자 하는 것은 여러분의 본질적인 경쟁력에 대한 것이다. 이 경쟁력을 '매력'이라고 부른다.

A. 자기소개서와 면접은 연애다

연애를 해본 사람들은 알겠지만 마음에 드는 사람은 딱 꼬집어 말하기는 어려운, 그렇지만 어떤 느낌 같은 것이 온다. 소위 '매력'이라고 부르는 것이다. 이건 굳이 화려한 외모나 빼어난 말솜씨, 혹은 좋은 뒷배경이 없다고 해도 느껴질 수 있는 것이다. 그 사람이 나에게 관심이 없고, 좋아하는 감정이 전달되지 않는다면 그 연애가 오래 지속될 수 없겠지만 일단 매력이 있는 사람의 이야기는 조금 더 듣고 싶고, 그에 대해 좀 더 알고 싶어진다.

취업에도 이와 비슷한 부분이 많다. 지원자가 우리 회사에 관심이 많고, 지원하는 업무에 대해 열정을 가지고 있어야 입사 후에도 쉽게 이직하지 않고 성공적인 커리어를 걸어갈 수 있겠지만(장기 연애 혹은 결혼), 우선 면접 때 그 사람이 충분한 역량과 경험을 가지고 있고 향후 발전해 나갈 잠재력이 있다고 인정이 되어야만(매력적으로 보임) 그의 이야기를 듣고 싶고, 더 알고 싶어진다(면접 합격).

개인에 따라 취향 차이가 극단적으로 갈리는 실제 연애와 다른 점은 취업 때 필요한 매력은 비교적 정형화해서 설명할 수 있다는 것이다. 신입 선발 과정에 여러 사람이 개입해 개개인의 구체적인 선호가 중화되고 기업체의 추상적인 인재 선발 기준이 적용되기 때문이다.

기업체가 가지고 있는 매력의 기준은 앞서 언급한 인재상과 비슷하다. 자기소개서와 면접에 적용되는 매력은 그 중에서도 '자신감 있는 눈빛과 태도', '커뮤니케이션 능력', '자기 관심 분야에 대한 열정', 그리고 '겸손한 자세' 정도가 될 것이다. 커뮤니케이션 능력을 제외하면 평소 실력이 중요한 것들이고, 여러 분야의 다양한 독서와 경험을 가지다 보면 자연스럽게 쌓이는 것들이라 자세하게 언급하지는 않는다. 다만 자신감 부분에 대해서만 간략히 이야기하고, 나머지 대부분의 내용은 커뮤니케이션 능력에 집중해서 언급한다.

강연을 다니다 보면 학생들이 물어보는 질문에는 "'자신감 있는 눈빛과 태도'를 어떻게 키우느냐?"가 꼭 들어 있다. 문제는 당장 다음

주에 면접이라고 찾아오는 학생들인데, 이 정도 시간 내에 자신감 있는 태도를 키우는 유일한 방법은 '앞에 있는 사람의 눈을 최대한 쳐다본다' 정도일 뿐이다. 자신감은 결국 자신을 믿는 데서 나온다. 믿음의 원천이 돈이나 학벌, 집안 배경 등의 외부적 조건이라면 자신감은 자만심과 등치가 되지만 지식, 논리적 사고 능력, 경험, 조직생활 및 리더/팔로워로서의 깨달음, 진솔함 등 내부적 조건이라면 그 원천은 사람의 눈빛과 얼굴 표정과 몸짓에서 흘러나온다.

영어 표현 중에 '사람이 익숙해서 편안하게 느끼는 시간/공간/상황'을 의미하는 표현으로 '안락 공간comfort zone'이라는 말이 있다. 일상적이고 반복적으로 지내는 장소나 환경, 심리적 상황 등을 의미하는 말인데, 사람이 편안하게 발휘할 수 있는 일반적인 역량을 의미하기도 한다. 안락 공간 안에 있는 동안 대부분의 사람은 자신감을 갖는다. 익숙한 장소이거나 해봤던 일이라면 자신감이 있는 게 당연하다. 똥개도 자기 집에서는 먹고 들어간다고 하지 않던가. 평소에 다양한 경험을 해보고, 여러 일들이나 상황에 부딪혀본 사람이라면 웬만큼 새로운 일이 주어지더라도 자신이 이미 경험해본 것과 유사하기 때문에 안락 공간 안에 있는 듯한 편안함을 가질 수 있고, 편안함과 자신감은 결국 좋은 결과를 만들어낼 확률을 높인다. 자신감 있는 태도를 위한 가장 근본적인 방안은 낯설고 익숙하지 않은 경험들을 계속 시도해봐서 자신의 안락 공간을 최대한 넓혀 놓는 것이다.

● 뇌과학 등의 연구에 따르면 인간 두뇌는 에너지 소모를 적게 하

기 위해 익숙한 자극이 올 경우 신경세포와 신경세포 간의 연결을 최소한으로만 유지한다. 그러다 낯선 자극이 오면 산소와 포도당을 급격하게 소모하면서 신경세포 간의 연결을 계속해서 늘려나간다. 이렇게 새롭게 활성화된 신경 연결은 추가적인 자극이 없으면 희미해지지만 아예 없었던 경우에 비해서는 손쉽게 복원된다.

최근의 연구 결과들은 기억력, 논리적 추론, 순발력 등 '업무 역량'과 관련된 요소들이 두뇌 신경계의 연결 강도에 따라 결정된다고 말한다. 이는 업무 역량이 평소 새로운 신경 연결을 자극할 수 있을 만한 '낯선' 자극들을 얼마나 많이 받았고, 혹은 기존에 알던 자극이라도 얼마나 새롭게 '인식'했느냐에 따라 정해짐을 보여준다.

신경 간의 연결이 급격히 늘어나는 경우 그 과정 자체는 스트레스이지만 그 직후 보상받는 느낌을 주는 호르몬인 도파민의 분비가 늘어나 만족감을 얻기 때문에 이 과정이 안정적으로 진행될 경우 노력과 역량 발전, 그리고 만족감 사이에 선순환 구조가 생기는 것이다(일에 대한 만족감이 과다한 경우 도파민 중독에 따른 일 중독을 불러올 수도 있기는 하다). 즉 자신에게 끊임없이 새로운 자극을 줄 수 있는 일을 찾거나, 혹은 똑 같은 일이라도 새롭게 자극되도록 접근하는 태도가 업무 능력 향상에는 대단히 중요한 셈이다.

B. 커뮤니케이션 기술의 요소 : 테마Theme, 프레이밍 & 스토리텔링 Framing & Storytelling, 구조화 능력, 그리고 두괄식

앞에서 면접을 통과하고 커리어에서 성공을 하기 위해서는 본질적인 매력이 있어야 하고, 그 매력 중 비교적 단기간 내에 의식적인 노력을 통해 향상시킬 수 있는 것이 커뮤니케이션 능력이라고 했다. 이 커뮤니케이션 능력의 주요 구성요소는 다음 4가지이다.

지원자의 삶을 관통하는 하나의 메시지라고 할 수 있는 테마, 그 테마에 근거와 설득력을 부여하는 프레이밍 및 스토리텔링, 문제의 본질을 파악하고 이에 대한 체계적 사고 능력을 보여주는 구조화 능력, 그리고 이 모든 내용을 깔끔하게 전달하는 두괄식 전달이 그것이다.

이 커뮤니케이션의 4대 요소를 최대한 체화해낼 수 있다면 여러분의 취직 성공률과 취직 후 커리어 성공률이 비약적으로 향상된다. 이제부터 이 각각의 요소에 대해 자세히 알아보자.

가) 테마와의 혼연일체

사람을 보다 보면 특정 단어가 그 사람을 위해 만들어진 것 같은 느낌을 주는 사람이 있다. 가령 배우 최민수 씨나 안토니오 반데라스 Antonio Banderas를 볼 때 내 머릿속엔 '마초macho'라는 단어가 떠나지를 않는다. 그들의 눈빛, 손짓, 목소리 톤, 말투, 구사하는 어휘, 행동, 패션까지 그들은 마초의 화신 같다. 물론 배우들이니 만들어진 이미지에 불과하겠지만 그들의 모습은 분명한 하나의 주제를 보여준다.

주변을 둘러보아도(배우들보다는 훨씬 강도가 약하겠지만) 사람들 중에는 한두 개의 단어로 그 사람 전체를 설명할 수 있는 인물들이 보인다. 주로 친한 친구들 사이에 농담이나 별명처럼 부르는 말들이겠지만 꼴통이니, 독종이니, 자존심 빼면 시체 등의 표현으로 불리는 사람들이다. 이들은 아주 작고 사소한 부분에서조차 그 별명에 맞는 행태를 보인다. 완전히 체화되어 있다고나 할까? 때문에 그 사람을 처음 만나는 사람도 약간의 시간이 흐르면 그 사람의 별명을 높은 확률로 맞출 수 있다.

내가 말하고자 하는 테마가 바로 이것이다. 다만 회사에 가면서 마초니 꼴통이니 하는 성향을 가지라는 말은 아니다. 여기의 테마가 의미하는 것은 지원자의 각종 점수, 학벌과 전공, 주요 경험, 자기소개서에 쓴 여러 사적인 이야기, 면접 때 보여주는 눈빛과 태도, 면접 질문에 대한 대답, 행동과 패션까지 모두 통일된 하나의 이야기, 하나의 이미지를 전달해야 한다는 것이다. 면접을 온 지원자 중 최상위 인력은 면접에 들어오기 전, 대기실에서부터 다르게 보인다. 그들의 태도, 눈빛, 옷맵시 등 너무나 소소한 부분들이지만 그 모든 것들이 그 사람에 대해 하나의 이야기를 한다. '능력', '자신감', '여유', '열정' 같은 것들이다. 혹자는 이들을 묶어서 '자기 주도성'이라고 부르기도 한다.

인생에서 어떤 키워드를 정해 나의 주제로 할 것이냐는 기본적으로 지원자의 가치관이다. 다만 대부분의 대학생들이 조직생활 경험이 없기 때문에 기존에 가지고 있는 가치관은 삶의 태도 같은 것일 뿐 조직 내에서 내가 어떤 역할과 위상을 가질 것인지에 대한 것들은 아니다(군대생활은 좋은 조직생활 경험이지만 자발성이 없고, 어차피 정해진 시간 후 그만둘 것이라고 생각하면서 하는 경험이기 때문에 사회생활과는 차이가 있다). 때문에 취업을 준비할 때 기존의 삶의 태도 외에 추가적으로 조직 내에서 내가 원하는 나의 모습에 대한 기준점이 필요하다. 아마도 가장 적절한 키워드는 '열정', '회사/업무에 대한 관심', '논리력과 설득력' 등이 될 것이다(Case 7 및 Case 11 참조).

당장 다음 주에 면접을 보러가야 할 상황이라면 방법이 없지만 3학년 정도라면 1년여의 노력을 통해 이런 통일된 이미지를 내재화하고, 내공처럼 은은하게 풍겨 나오게 자신을 바꿀 수 있다. 일단 테마를 정하면 그 키워드를 가장 잘 드러내고 있다고 생각되는 유명인을 찾아보자. 그리고 그들이 어릴 때부터 어떻게 해서 그런 모습을 갖추게 되었는지를 잘 살펴보고, 이를 적당히 벤치마킹해보는 게 시작점이 된다.

예를 들어, 자신감 있는 모습을 배워보려면 스티브 잡스 같은 인물의 삶을 꼼꼼히 살펴보자. 물론 그 인물은 이미 어릴 때부터 자신감이 과하게 넘쳐서 타인을 무시하는 성격을 지니고 있기는 했지만, 프리젠테이션을 앞두고 수십 번의 모의연습을 했던 것 같은 사실은 별로 알려져 있지 않다. 벤치마킹은 이런 '준비하는 모습'을 하는 것이고, 이런 연습을 적용해보기 위해 수업의 과제 발표 혹은 동아리 모임 발표라도 실제로 해보는 것이다. 삶의 모든 영역에서 자신감 넘치는 것은 타고난 성격이 더 중요하지만, 특정 영역에서 자신감 있는 태도는 의도적 노력으로 충분히 확보할 수 있다. 그리고 일단 작

은 영역에서 자신감이 확보되면 단시일 내에 다른 영역에서도 자신
감 넘치는 모습을 보일 수 있다.

작게나마 테마에 어울리는 경험들이 축적되면 이 테마를 자신의
전 영역에 적용한다. 즉 자신감으로 정했다면 과거의 경험 중 혹은
새롭게 추가하고 싶은 경험에 자신감과 어울리는 것들을 찾고 이를
시도해본다. 동아리나 인턴 경험에 대해 정리할 때도 자신감에 어울
릴 만한 경험들을 찾아서 정리해본다. 이 과정이 반복되면 내 학점이
나쁜(혹은 좋은) 이유도 자신감의 발로이고, 어학연수를 간 이유도 어
학 공부보다는 자신감을 키우기 위해서가 되고, 인턴 때 가장 좋았
던 경험도 자신감 있는 태도로 업무를 해서 주변 사람들에게 인정받
았던 때가 된다(당연한 말이지만 이것에 대해서 거짓말을 하거나 스스로를
속이는 짓은 하면 안 된다. 여기서 이야기하는 것은 '수많은 경험 중 어떤 것
에 대해 방점을 찍고 취사선택을 할 것이냐'라는 말이다. 인턴을 정상적으로
3개월 정도 했다면 자신감과 관련된 에피소드도 생기고, 열정과 관련된 것
도 생기고, 설득력이나 분석력과 관련된 경험도 생긴다. 만약 테마를 자신감
으로 정했다면 이 많은 에피소드와 경험 중 자신감과 관련된 항목들을 중심
으로 뽑아서 자기소개서에도 쓰고, 면접에도 활용하라는 뜻이다).

결론적으로 말해 삶의 테마는 기존에 가지고 있던 가치관이 제일
좋다. 하지만 기존 가치관이 조직생활과는 관련 없는 것이라면 조직
과 관련된 새로운 지향점을 갖도록 하고 그것을 삶의 테마로 정한다.
'자신감', '열정', '논리력' 등이 보통 최고의 키워드가 된다. 일단 하나
를 정하면 이에 맞춰 기존의 경험들을 새롭게 우선순위화해서 나열

하고, 혹은 선택한 테마에 비해 경험이 부족하다면 취업 지원을 하기 전에 부족한 경험을 채우기 위해 노력해야 한다.

테마를 정하고 이를 체화하려는 노력은 자신의 삶을 타인에게 명쾌하게 설명할 수 있게 하며, 비슷한 스펙과 경험을 가진 지원자들 사이에서 자신을 돋보이게 해준다. 물론 회사가 뽑고자 하는 인력에 대한 요구사항과 안 맞을 위험성도 조금 있지만 자신감 등의 테마를 가진 인력을 싫어할 회사는 거의 없을 것이다.

Case 13 자신감 기르기

답하기 참 곤란한 질문 중 하나가 "자신감을 어떻게 키워요?"이다. 꼭 취업 관련해서가 아니라, 초등학교 입학 전부터 주위로부터 무수히 많이 들었던 말이 '자신감을 가져라'일 텐데 취업할 나이가 되어서도 여전히 어렵다. 이제부터 몇 가지 자신감에 관련된 잘못된 생각을 짚어보고, 비교적 쉽게 실천할 수 있는 자신감 증진법을 알아보자.

취업 준비생뿐 아니라 평소 부하직원들을 대할 때는 그렇게 자신감 넘치던 노회한 임원들도 막상 회장 보고 같은 자리에서는 자신감 없어 보이는 태도 때문에 핀잔을 듣는 경우가 생긴다. 혹은 평소 발표를 정말 잘하던 사람이 큰 행사에서 실수한 후부터 심각한 무대공포증에 시달리는 경우도 나온다.

보통 자신감 있는 사람이라고 하면 흔히 언제나, 어떤 상황에서도 자신감이 있을 것이라 생각하지만 사실 자신감은 상대적이고, 상황에 따라 계속 달라진다. 이렇게 자신감이 생기는 상황이 계속 바뀌기 때문에 모든 상황에서 완벽하게 자신감 있는 태도를 갖기는 불가능하다. 어떤 상황에서도 자신감을 갖고 있는 사람이 있다면 대부분은 그저 만용이거나 억지로 강한 척 하는 것일 뿐이다(가령 해병대나 특수부대원들이 항상 자신감에 차 있다면 그 부대들에서 그렇게나 많은 귀신 이야기가 만들어질 이유가 없을 것이다). 커리어를 위해서는 업무나 지식, 경험 등의 많은 조건에 대한 자신감이 필요하겠지만, 당장 취업에서 필요한 자신감은 전적으로 대인 관계, 그 중에서도 커뮤니케이션에 대한 것이다.

자신감에 대한 또 다른 오해는 많은 지식과 경험이 있어야 가질 수 있다는 것이다. 익숙한 내용에 대한 이야기를 할 때 자신감을 갖기가 더 쉽다는 것은 분명하다. 그렇지만 면접 과정에서 주고받는 이야기 모두에 지식과 경험을 갖출 수는 없다. 또 아는 주제에 대해서는 적극적이고, 모르는 주제에 대해서는 입을 다무는 사람처럼 보이면 오히려 점수를 까먹기 십상이다. 익숙함과 자신감을 혼동하지 말자. 자신감은 알고 있기 때문에 생기는 것이 아니고, 아는 문제에 대해서는 겸손한 태도를 가지고, 모르는 일에 대해서는 적극적으로 알아보고, 생각해보고, 배우려 하는 태도를 가진 상태를 말한다. 자신감의 다른 표현은 호기심이다.

평소 자신감이 없어 보인다는 말을 들었다면 실제 자신감이 없어서라기보다는 적극적이지 않은, 수동적이고 조건반사적인 태도를 보였기 때문일 가능성이 더 크다. 적극적인 자세 하나만으로도 자신감에 대해서 절반은 먹고 들어갈 수 있다. 인간은 즐겁기 때문에 웃는 것이 아니라 웃기 때문에 즐거워진다는 말이 있다. 마찬가지로 자신감이 있기 때문에 적극적인 것이 아니라 적극적으로 뛰어들기 때문에 자신감 있어 보이는 것이다.

따라서 자신감을 키우는 가장 기본은 바로 위에 적은 자세, 즉 적극적으로 참여하고 듣고 배우려고 하는 태도를 계속적으로 가져보는 것이다. 맘에 드는 이성이 있으면 그 사람 반응이 걱정되더라도 가서 말을 걸어보고, 호감이 있다고 표시해보는 것이다. 궁금한 분야가 있다면 그 분야에서 유명한 사람을 찾아가 보는 것이고, 배우고 싶다면 생각이 드는 즉시 학원에 등록을 하고 다녀보는 것이다.

배우 김민종 씨는 고등학교 1학년 때 꼭 참여해보고 싶은 영화가 있어 무작정 영화사에 찾아가 하다못해 현장에서 노가다를 뛰는 일이라도 하겠다며 떼를 써서 영화계에 발을 들여놓게 되었다고 한다. 무대포라고 비웃기는 쉽지만 막상 내가 관심 있고, 하고 싶은 일이 생겼을 때 그처럼 저돌적으로 밀고 들어가는 건 정말 쉽지 않다.

자신감은 이런 저돌성에서 기원하는 것이다. 필자가 취업 강연을 다니면서 연락처를 뿌리고 다니지만 취업 시즌이 되었을 때 필자에게 도와달라고 연락을 하는 학생들은 손으로 꼽는다. 그리고 이렇게 연락을 해온 학생들은 백이면 백 자신이 가고 싶어 하는 분야에 어렵지 않게 취업을 했다. 필자가 도와줘서가 아니라 그저 강연 한 번 들은 인연이라도 자신이 필요할 때 적극적으로 활용하려는 자세가 자신감으로 연결되어 면접에 작용한 결과라고 생각한다.

이렇게 적극적으로 뛰어들 만큼 마음에 끌리는 일이 없다고 핑계를 대는 사람도 많다. 그럴 수 있다. 하지만 가슴에 손을 얹고 찬찬히 생각해보

라. 진짜 마음에 끌리는 일이 없어서 적극적으로 해본 적이 없는지, 아니면 그저 되는 대로 편하게 살아오다 보니 어떤 일을 해도 시큰둥해서 적극적으로 해본 경험이 없는 것인지 말이다.

앞에서 자신감은 적극적 삶의 태도와 같은 말이라고 했다. 작은 것 하나라도 적극적으로 매달리다 보면 그 일이 재밌어지고, 그러다 보면 그 일이 마음에 들면서 다시 보다 적극적인 태도를 갖고, 결국 강한 자신감을 내재화할 수 있게 해준다. 그러니 무작정 덤벼들자.

둘째, 취업에 당장 필요한 자신감은 대인관계, 그 중에서도 커뮤니케이션이라고 했다. 적극적인 자세 이외에 추가적으로 자신감 증진을 도와주는 것은 실제로 회사에서 있을 수 있는 상황과 유사한 커뮤니케이션을 해보는 것이다.

회사생활에서 중요한 커뮤니케이션은 '상황에 대한 요약', '문제 요인 분석과 대안 제시', '대안의 타당성 및 필요 자원 요청에 대한 설득', 그리고 '대안 추진을 위한 참여 독려' 등이다. 아마도 대학생들 수준에서 이를 가장 잘 훈련할 수 있는 방법은 동아리나 동호회 등에서 뭔가 이벤트를 준비해보는 것, 각종 대내외 경진대회에 참가해보는 것, 그리고 수업시간에 팀 프로젝트로 발표하는 것 등일 것이다. 그저 뒤로 한 발 빠져서 자료나 좀 모으고, 가끔 의견이나 내고, 슬라이드 그리는 것 도와주는 수준에 머무르지 말고, 팀을 한 번 꾸려서 능력이 안 되더라도 자기가 팀 리더를 하겠다고 우기고, 원고를 통째로 외우더라도 남들 앞에서 발표해보자. 이런 경험이 누적되면 기술적으로도 여러분의 취업 준비에 절대적인 도움을 줄 것이다. 이렇게 적극적으로 뛰어들어 성취해본 경험은 여러분의 인생 전반에 걸쳐 난관을 극복하고 부정적 예상을 긍정적 결과로 돌려내는 힘을 제공해준다. 사회생활을 시작하기도 전에 성공적인 커리어가 예약되는 것이다.

나) 프레이밍, 맥락

프레임과 맥락의 개념 : 약간은 고리타분할 수 있겠지만 심리학 이야기를 좀 해보자. 커뮤니케이션은 결국 사람 대 사람의 관계라는 점에서 약간의 심리학은 이해할 필요가 있다.

아마도 중고등학교 시절부터 수십 번은 들었을 것인데, 여기서 한 번만 더 반복하자. 컵에 물이 반이 남아 있을 때, 긍정적인 사람은 '아직도 반이나 남았네'라고 하고, 부정적인 사람은 '물이 반밖에 없네'라고 한다며 긍정적 마인드로 살아야 한다는 교훈적 이야기.

일단 물이 컵의 반을 채우고 있다는 것은 객관적 사실이다. 의견이 갈리는 부분은 이에 대한 해석이다. 사실 반 컵의 물에 대한 해석은 긍정, 부정의 이분법만이 존재하는 게 아니다. 가령 가뭄에 목마른 대지를 보고 있는 농부에게는 컵 속의 물 정도는 반 컵이건 한 컵이건 자기 목을 축이는 것 이외엔 아무런 의미가 없다. 계체량을 앞둔 권투선수에게는 반 컵의 물조차 그저 피하고 싶은 대상으로 보일 것이고, 수분배출이 잘 안 되기 때문에 섭취하는 물의 양을 정확하게 조절해야 하는 갑상선기능저하증 환자에게는 반 컵의 물 역시 계산해야 하는 대상으로 보일 것이다. 이렇듯 객관적 사실은 하나이지만

해석은 사람의 입장에 따라 무한대로 존재한다. 사람마다 가지고 있는 해석의 방법을 심리학에서 '프레임frame'이라고 부른다.

그러나 사고의 프레임이 개인에 따라 완전히 다른, 즉 현상에 대해 무한대의 다양성을 가지고 존재한다면 사람들 사이의 커뮤니케이션은 불가능하다. 해석의 공통분모가 없는 상황에서는 아주 간단한 내용 하나라도 전달할 방법이 없는 것이다. 우리나라에 사는 부끄러움 많은 초등학생이 남미에 살며 인종차별주의 성향을 가지고 스페인어를 쓰는 백인 할아버지를 만났을 때 소통과 공감이 가능하겠는가?

이런 이유로 해서 우리는 잘 의식하지 못하지만 많은 부분에서 별다른 설명이 없어도 동일하거나 최소한 유사하게 받아들일 수 있는 해석의 기준을 가지고 있다. 이 기준을 '맥락'이라고 부른다. 예를 들어, 우리는 한국 문화에서 성장했기 때문에 붉은 색을 보여주고 생각나는 음식을 물어볼 때 김치나 고추장을 떠올릴 것이지만 이탈리아 사람들은 토마토 소스를 생각할 것이며 매운 맛에 대해서는 별로 생각하지 않을 것이다.

이렇듯 기본이 되는 문화적 맥락은 커뮤니케이션을 촉진하는 가장 중요한 도구이지만 하나의 큰 문제를 야기한다. 바로 획일적 해석의 가능성이다. 이 획일성은 때때로 '상식'이라는 탈을 쓰고 나타나서 사람의 창의성을 방해하거나, 사람의 자기 존중에 생채기를 내기도 한다. 신체가 불편한 장애인은 '상식'적으로 생각할 때 불쌍한 사람들이며, 지방대를 나온 사람은 상식적으로 봤을 때 성취동기가 약하다는 식의 표현이 그것들이다(장애인은 배려가 필요할 뿐 불쌍한 사람들이 아니며, 단순히 지방대를 다닌다고 해서 성취동기가 약하다고 말할 수 있는 근거는 전혀 없음에도 이런 표현은 '상식'이라는 이름으로 폭력이 된다). 특히 권력 관계에서 한 사람이 가지고 있는 프레임은 그 자체로 하나의 맥락이 되어서 그 이외의 해석을 할 수 있는 여지를 아예 봉쇄해버린다. 이것이 사회적으로 퍼지면 전체주의가 되는 것이다. 때문에 심리학과 인류학에서 출발한 프레임과 맥락은 권력 그 자체를 지향하는 정치판에서 가장 많이 사용하는 개념이 되었다.

● 부정적 프레임 극복하기

이제 이렇게 잡다한 심리학과 인류학의 개념을 풀어놓은 이유를 설명해보자. 취업 시장에서 지원자들은 상대적 약자다. 때문에 면접 관들이 강력한 프레임을 강요할 경우 대응 방법을 잃어버리고 당황 하다가 면접이 끝나기 십상이다. 가령 이런 것들이다. 좋은 대학교를 우수한 성적으로 졸업하고 좋은 회사에서 인턴 경험까지 있는 지원 자에게는 '당신은 우리 회사 들어왔다가 곧 이직할 거야', 혹은 '회사 에 대한 충성심이 없을 거야'라고 말하고, 지방대를 나오고 인턴 경험 도 없는 지원자에게는 '머리가 나쁠 것 같다'라거나 '당신은 대학 때 공부 외에는 아무것도 안 했네'라고 말을 하는 식이다. 이때 면접관들 에게는 이중의 심리가 작용한다. 자기들은 강력한 하나의 프레임으 로 무장했지만, 그걸 깨뜨려줄 정도로 배짱 있는 지원자가 나와주기 를 말이다.

지원자들이 자신의 스펙과 경험을 찬찬히 살펴보면 일반적인 상 황에서 자신에게 주어질 불리한 프레임이 무엇인지 예상해볼 수 있 다. 가령 그 회사의 일반적 평판에 비해 과하게 좋은 스펙을 가진 경 우, 대학을 다니는 도중 설명이 명확하게 되지 않는 휴학을 한 경우, 어학연수 기간에 비해 낮은 영어 점수나 많은 나이에 비해 빈약한 인 턴 경험 등등이다. 이런 조건을 가진 지원자들에게는 다음과 같은 프 레임이 공격적으로 적용될 것이다. "고高스펙자는 그저 연습 삼아 우 리 회사에 지원한 것이다, 중도에 특별한 목적 없이 휴학한 지원자는 과하게 놀았거나 사고쳐서 혹은 지병이 있어서 그런 것이다, 낮은 영어 점수는 어학연수가 아닌 관광이었다는 뜻이다, 나이는 많은데 사회 경험이 없는 것은 고시공부 등 회사에 별 도움이 안 되는 일을 하느라 그런 것이다."

　면접관의 입장에서 사람을 만나기 전에 자기소개서 등을 살펴볼 때 표준적 스펙과 다른 부분을 발견하면 일단 의심을 하게 된다(신입사원 선발 과정은 철저하게 상대평가다. 때문에 면접관들은 상대적으로 부족한 부분에 대해 부정적인 선입견을 가지고 시작할 수밖에 없다). 때문에 지원자를 만날 즈음에는 머릿속에 이미 일정한 프레임을 가지고 시작한다. 어려운 것은 지원자가 상당히 노력해도 이 부정적 프레임은 기껏해야 중립적인 수준 이상으로 바꾸기 어렵다는 것, 그리고 중립적인 수준의 평가로는 절대 합격할 수 없다는 것이다. 합격하기 위해서는 이를 다시 '긍정적인 프레임'으로 변화시켜야 한다. 실제 면접 때 나왔던 사례를 살펴보자.

부정 → 중립

[고스펙자]

Q : 다른 지원자들에 비해 스펙이 아주 좋으세요. 그런데 이런 분들은 뽑으면 아예 안 오거나 금방 그만두시던데?

A : xxx, xxx 등 이 회사에서 수행하시는 여러 사업들에 대해 예전부터 관심이 아주 많았습니다. 제가 오버 스펙인지는 모르겠습니다만 제 이런 관심을 실제 사업 성과로 연결해보는 것은 이

회사가 가장 적합할 것 같습니다. 뽑아주시면 앞뒤 가리지 않고 아주 열심히 해보겠습니다.

평가 회사의 사업에 대한 관심이 많기 때문에 이 회사에서 뽑아주면 다니겠다는 메시지는 전달했다. 하지만 관심 있다는 그 사업을 그 회사만 하는 것도 아닐 테고, 관심 사업이 바뀌는 경우는 어떻게 된다는 대답도 하지 않았다. 올 것이라는 신뢰감은 여전히 생기지 않았고, 이 정도 답변으로는 최종 선발시 밀려날 가능성이 충분하다. 회사도 뽑으면 올 것 같은 사람을 뽑지 그냥 보기 좋다고 뽑지는 않는다. 책의 첫머리에서 말했듯이 신입사원의 퇴사는 회사로서 큰 타격이다.

[목적이 불분명한 휴학 등 경력상의 공백]

Q : 두 번에 걸쳐 1년 정도 휴학을 했는데 어학연수나 인턴 경험 등은 이때와 시기가 다르네요. 어떤 이유로 이런 공백이 생긴 건가요?

A : 나중에 어떤 일을 하면 좋을까 고민이 많았는데, 조금 천천히 시간을 가지고 생각하고 싶어서 1년 정도 쉬었습니다. 큰 이유가 있었던 것은 아닙니다.

평가 지원자 입장에서는 솔직하게 대답한다고 생각할 것이고, 아마도 저 내용이 객관적인 실제일 것이다. 그렇지만 다른 지원자 중에는 대학시절 정말 성실하게 보낸 사람이 많다. 흔들림이 많은 사람보다 안정적이고 성실한 사람이 끌리는 것은 일을 시켜야 하는 입장에서는 당연한 거다. 그리고 저 답변은 여전히 혹시 있을지 모르는 건강상의 문제나 기타 개인적 어려움 등으로 불안정할 가능성에 대해서는 설명하지 못한 대답이다.

[어학연수 등에도 영어 점수 낮음]

Q : 문과이시고 어학연수 1년 다녀오셨는데 토익이 800점 초반 정도네요. 어학연수가 큰 도움이 안 되었던 모양이죠?

A : 어학연수 기간 동안 열심히 해서 직접 외국인을 부딪히면서 하는 영어는 많이 늘었는데 시험 영어는 많이 익숙하지 못해 점수가 낮게 나왔습니다. 시험에 익숙해지면 더 나올 것으로 생각해 다음 달에 다시 한 번 더 보려고 생각 중입니다.

평가 일단 토익 800점이 낮다고 생각하는 독자들이 있을 것 같아 미리 말하면 800점은 결코 낮지 않다. 다만 어학연수나 유학 등을 다녀오지 않았다는 조건이고, 이공계라는 전제 하에서이다. 즉 문과이면서 어학연수 1년 정도의 대기업 지원자라면 대략 900점 정도는 돼야 한다고 생각하는 것이다. 시험 영어와 실제 상황에서의 영어 실력 차이 설명은 어학연수가 끝나자마자 입사시험을 보고 있다면 말이 될지 모르겠으나 일정 기간 이상 차이가 생기면 그저 준비 부족이라는 느낌 외엔 다른 이유가 안 떠오른다. 이런 대답은 바로 영어 면접을 부를 위험성이 충분하다.

[나이는 많은데 사회 경력 없음]

Q : 학교를 좀 오래 다녔네요? 그런데 인턴이나 어학연수 같은 사
회 경력이 별로 없는데 경제적인 어려움 같은 것이 있었던 건
가요?

A : 대학시절 행정고시에 관심이 있어서 몇 년간 준비를 했었습니
다. 중간에 1차를 붙은 적도 있고 하다 보니 졸업은 늦어지고
경험은 부족한 상태가 되었습니다. 부족하지만 고시 준비를 하
면서 얻은 여러 지식을 활용해서 회사에 도움이 될 수 있으면
좋겠습니다.

평가 고시든 공무원시험이든 회계사든 뭔가를 오랫동안 준비하느
라 다른 아무 경험도 없는 지원자들이 면접 때 보면 꼭 하나둘
씩 있다. 그들의 특징은 솔직하지만 뭔가 약간 자신감 없어 보
이며, 대답하는 형식이나 내용이 모두 건조하고 딱딱하다. 저
런 성격으로 회사에 와서 잘 적응할 수 있을까 싶어 기본적으
로 부정적인 평가를 받기 쉽다. 위의 사례가 전형적인 답변인
데, 이렇게 평범하게 대답해서는 법무팀이나 대관 업무가 아
닌 팀에서 뽑아야 할 이유가 하나도 없다는 프레임을 벗어나
기 힘들다.

부정 → 긍정

위의 사례들에 대해 부정적인 프레임을 중립 이상의 평가로 바꿀
수 있는 대답들을 한 번 생각해보자. 핵심은 상대방이 약점으로 지

적하는 것은 그렇게 생각할 수 있음을 인정하되, 그 약점 때문에 새롭게 얻은 역량이 있거나, 그 자체로 좋은 경험이었음을 보여주는 것이다(아래에서 답하는 것이 당연히 정답은 아니다. 지원하는 회사의 맥락이나 지원자 개개인의 성향 등에 따라 더 좋은 답은 얼마든지 있을 수 있다. 하나의 예시 정도로 생각하자).

[고스펙자]

A : 제가 다른 지원자들보다 스펙이 좋은 편이라고 해주시니 감사드립니다. 면접관님께서 하시는 말씀 충분히 이해가 됩니다. 제가 뽑는 입장이라고 해도 금방 나갈 것 같은 사람은 안 뽑을 것 같습니다. 다만 한 가지 점은 말씀드리고 싶습니다. 제 이력이나 지금 답을 드리고 있는 제 태도에서 짐작하시겠지만 저는 제가 한 선택에 대해서는 일정 결과를 보기 전까지 절대 중도에 방향을 바꾸지 않습니다. 제가 감히 20~30년 동안 이 회사를 다니겠다는 말씀은 드리지 못하겠습니다. 하지만 제가 이곳에서 의미 있는 성과를 만들어낼 때까지 절대 중도 이탈하지 않을 것이라는 점은 확실히 말씀드릴 수 있습니다. 제가 저를 증명할 수 있는 기회를 주시면 좋겠습니다.

적용 프레임 회사를 중도에 떠날 것 같다는 우려에 대해 회사에 입사한 직원은 어차피 언젠가는 떠나게 되어 있는 것이고, 회사가 우려하는 중도 퇴사는 업무를 배우고 교육을 받은 후에 실적은 만들지 않고 떠나는 사람이라고 시각을 바꿈. 자기도 언젠가는 회사를 떠날 것이지만 확실한 성과를 만든 후에 떠날 것이기 때문에 회사에서 손해 보는 것은 없을 것이라는 숨겨진 메시지를 전달하였다.

[목적이 불분명한 휴학 등 경력상의 공백]

A : 말씀하신 것처럼 대학시절 1년 기간에 어떤 눈에 보이는 경력을 쌓지는 않았습니다. 그렇지만 사춘기의 방황처럼 목표 없이 흔들린 것은 아닙니다. 자동차도 장거리를 뛰기 전에 점검을 하고 예열을 하듯 제 커리어를 선택하고 이에 집중하기 전에 스스로의 선택에 대해 확신을 갖고 싶었습니다. 또 어떤 항목을 준비해야 하는지 정리도 하고 싶었습니다. 피겨 여왕인 김연아 선수는 큰 근육만큼이나 잔 근육도 많이 발달되어 있어 높은 점프와 안정적인 착지가 가능하다고 들었습니다. 제 이력서에 쓰인 학력과 인턴 경험 등이 큰 근육이라면 1년의 휴학 기간은 저를 매일매일 해야 할 일이 있는 현실에서 약간 분리시켜 제게 생각의 깊이와 삶에 대한 긍정적 시선 등의 잔 근육을 가질 여유를 주었습니다. 덕분에 지금의 저는 엑셀만 밟아주면 바로 튀어나갈 수 있을 만큼 정신적으로 준비된 느낌입니다.

적용 프레임 공백은 나쁘다는 프레임에 대해 자신을 돌아보면서 미래를 고민하기 위한 예열이었기에 공백이 도움이 되었다는 메시지를 전달하였다. 프레임 전환은 기발하거나 획기적인 변화가 아니라 잠시 잊어버리고 있었던 상식적인 시각에 대해 환

기시켜 주는 것만으로도 충분히 긍정적인 반응을 끌어낼 수
있다.

[어학연수 등에도 영어 점수 낮음]

A : 영어 공부를 열심히 한다고 했지만 여전히 많이 부족했던 것 같
습니다. 연수를 가기 전에는 600점대여서 1년간 노력했는데
200점 정도가 올라갔습니다. 제 전공이 스페인어이고, 미국에
서 가능한 아르바이트 자리에는 남미 출신들이 많다 보니 주로
스페인어를 더 많이 써서 영어 향상 속도가 제 노력보다 부진
했던 것 같습니다. 하지만 그 과정 덕분에 노동의 소중함도 새
삼 깨달았고, 다양한 문화에서 온 사람들에 대한 이해 폭도 많
이 커졌습니다. 제가 해외 마케팅 직군에 지원했고, 이 회사에
서 남미 지역 국가들에서도 많은 딜러와 대리점을 가지고 있는
것으로 알고 있습니다. 영어는 조금 부족하지만 스페인어와 결
합해서 전달하고, 남미인들과 함께 일한 경험 등을 통해 나름
차별적인 기여를 할 수 있을 것으로 생각합니다.

적용 프레임 영어 점수 자체나 부실하게 어학연수에 임했다는 생각
에 대해 가볍게 인정하는 대신, 자신이 가진 장점들—지원한
회사의 사업 및 해외 운영 현황에 대한 이해, 스페인어 구사,
남미인들과 함께 일을 해본 경험 등—을 이 부정적 프레임에
섞어서 오히려 긍정적인 경험이었던 것처럼 인식하도록 하였
다. 특히 이 과정에서 회사에 대해 충분히 조사했음도 알림으

로써 이야기의 초점이 영어 점수에서 회사에 대한 이해와 기여할 수 있다는 의욕으로 전환되게 되었다.

[나이는 많은데 사회 경력 없음]

A : 짐작하시는 것처럼 몇 년간 행정고시에 집중했었고, 목적했던 결과를 얻지 못하는 사이에 나이를 먹었습니다. 그 과정에서 인턴 등의 사회생활 경험은 부족해졌고요. 아마도 제가 사람들과 잘 어울리지 못하는 성격일 수도 있겠고, 고시 등 뭔가 허황된 꿈을 다시 꿀 수도 있겠다고 우려하실 수 있을 것 같습니다. 맞습니다. 하지만 크고 먼 꿈을 꾸다가 깨어보니 얻은 것도 많이 있었습니다. 매일 조금씩 집요하게 쌓아가는 노력의 소중함, 나쁜 결과에도 쉽게 지치지 않는 의지와 집중력, 그리고 방대한 지식과 자료를 간결한 흐름으로 정리해내는 논리력 등입니다. 제가 지원하는 영업 관리 업무는 꼼꼼하고 신중하면서도 논리적이고 때론 강한 의지를 가지고 밀어붙이는 전투력까지 필요한 직종으로 알고 있습니다. 고시공부 덕분에 영업 관리에 최적 인물이 되었다고는 말씀 못 드리지만 많은 부분에서 요구되는 역량과 유사한 경험을 가지고 있다고 생각합니다. 조직 내에서 여러 사람과 어울리면서 보조를 맞춰가는 경험이 없는 것은 고시공부의 큰 약점으로 생각됩니다만 부족한 점이 있다는 걸 인식하고 있기 때문에 빠르게 보충해 나갈 수 있을 것입니다. 좀 더 잘 갖춰진 후보자면 더 좋겠지만 의지가 있고 부

족한 점을 빠르게 개선하려는 후보자도 충분히 경쟁력 있는 후보자가 아닐까 싶습니다.

적용 프레임 고시공부나 공무원시험, 임용고시 등을 준비한 사람이 회사생활에 적응 못하는 것은 거의 기정사실이다. 그러니 빠르게 인정하는 게 낫다. 다만 이를 인정할 때 100% 안 맞다가 아니라 얻은 점도 있다는 것을 반드시 어필해야 한다. 그 자체로 설득력 있는 논리가 되어서가 아니다. 고시생들에 대한 일반적인 인식이 '소극적이고, 인간관계 문제'이기 때문에 이를 극복하기 위해 적극적으로 어필하는 모습을 보이는 것 자체가 생각의 틀을 바꾸는데 도움이 되기 때문이다.

이와 관련해서 좀 더 훈련을 하고 싶으면 '프레임' 또는 '프레이밍'이라는 단어로 인터넷에서 검색해보기를 권한다. 국내 서적이 많지는 않겠지만 사고 능력을 단기간에 키울 수 있는 방법의 책들을 몇 권 만나볼 수 있다.

다) 스토리텔링

설득력을 갖는 아이디어는 지원하는 회사에 대한 이해에서 나온다. 회사의 역사나 창업자 및 주요 경영진의 각종 말, 판매하는 제품/서비스 및 경쟁 상황 등을 살펴보면 부정적 프레임을 깨뜨릴 수 있는 새로운 긍정적 프레임을 생각해낼 수 있다. 이렇게 기존을 깨뜨리고 새롭게 긍정적으로 지원자를 옹호해줄 수 있는 프레임을 '스토리'라고 한다.

스토리텔링이란 결국 자신에 대한 긍정적 프레임을 상대방에게 전달해서 수용, 옹호하게 만들 수 있는 이야기이며, 그 기본 전제는 그 회사의 맥락에서 받아들여질 수 있는 것이어야 한다는 점이다. 스토리텔링에 대해 좀 더 알아보자.

스토리는 말 그대로 '이야기'이다. 그러니 스토리텔링의 우리말 직역은 '이야기하기'일 것이다. 그러나 대화법에서 스토리텔링의 해석은 단순히 '지껄이는 것'이 아니다.

스토리텔링은 ① 나에 대해 말하는 것이며, ② 상대방이 이해할 수 있는 형태로 전달해야 하며, ③ 상대방과 나 사이에 '맥락'을 형성해서 나의 생각, 상황, 행동에 대해 공감대를 만들어내는 대화 기법을 의미한다.

스토리텔링을 이해하기 전에 우선 '맥락'이라는 말을 알아보자. 앞에서 한 차례 설명했지만 '맥락'은 행동이나 말을 이해하기 위해 두 사람 이상이 별다른 부가 설명 없이도 공유하고 있는 배경을 말한다. 연인 사이에 서로의 눈을 보면서 '사랑스럽다'고 말하는 것은 로맨틱한 일이지만 지하철에서 처음 본 여자에게 하면 성추행이 되는 차이를 바로 맥락이라고 한다. 은행에 취업하면 흰 셔츠에 넥타이를 하고, 벤처기업에 취업하면 청바지가 좀 더 적합한 복장이 되는 것도 맥락의 차이에서 비롯된다.

면접은 서로 간에 처음 보는 상황이기에 그 기업체의 문화(한 쪽은 문화 담지자이고, 다른 한 쪽은 그저 곁에서 보이는 것을 알고 있는 수준이다) 또는 면접장의 분위기 정도가 맥락이 된다. 기업 문화나 분위기 모두 면접관이 익숙하고, 권력 관계에서도 위에 있고, 면접자에 대한 많은 정보가 면접관의 손에 있기 때문에 면접자에게는 절대적으로 불리한, 기울어진 운동장 같은 맥락이 형성된다. 이 상황에서 면접자는 자신에게 유리한 맥락을 만들어내는 것이 최우선으로 필요한 일이다. 멋있고 파괴력 있는 스토리는 그 뒤의 일이다.

물론 면접자들도 이 상황을 알고 있으니 택하는 전략이 처음에 들어가서 주로 하게 되는 말들을 연습, 암기하고 가는 것이다. 보통 면접의 첫 질문은 '간략하게 자기 소개 부탁합니다'일 테니까. 첫 발언이 대단히 중요한 것은 의문의 여지가 없다. 그런데 맥락을 나에게 유리하게 만드는 것은 첫 발언을 화려하고 멋있게 하는 것이 아니다. 그렇다고 간략하고 명쾌하게 전달하는 것도 아니다.

첫 발언은 지원자가 정한 자신의 테마와 일치되는 맥락을 만들어내는 것이 목적이 되어야 한다. 앞에서 이야기한 것처럼 '자신감'을 테마로 잡았다면 여유 있는 자세와 확신에 찬 눈빛, 크지는 않지만 명확한 발음의 간략한 소개가 적절한 방식이 될 것이다. 반면 부드러움과 포용력을 테마로 잡았다면 약간은 나긋나긋한 말투와 눈웃음을 짓고, 이런 매력이 있음을 알리는 작은 예시를 넣은 자기 소개도 충분히 생각해볼 수 있다.

내가 전달하고자 하는 테마가 스토리텔링의 맥락이 되어야만 면접관에게 좋은 인상을 심어줄 수 있다. 그리고 이어지는 답변들 역시 이 테마의 변주가 되는 소재와 기승전결起承轉結을 갖고 있어야 한다. 여담이지만 술을 좋아하는 사람은 기승전'술'이고, 담배를 좋아하는 사람은 기승전'담배'라고 하지 않는가. 지원자의 이야기는 이 정도의 집요함을 가지고 있어야 한다.

그런데 앞에서 설명했지만 다시 한 번 강조하고 싶은 요소가 있다. 스토리텔링에서는 절대로 듣는 사람의 권한을 침범해서는 안 된다는 조건이 그것이다. 듣는 사람의 권한이라면 좀 이해가 안 되겠지만, 간략히 말하면 나에 대해 자신감 있어 보이는지 아닌지를 판단하는 건 듣는 사람이지 말하는 사람이 아니라는 것이다. 가령 앞에 있는 사람이 '저는 이러저러한 이유로 자신감이 넘치는 사람입니다'라고 말하면 사람들은 '저 사람은 자신감이 넘치는구나'라고 받아들이기보다는 '별 거 없어 보이는데? 자화자찬이 심한 녀석이군'이라고 생각하기 십상이다. 지원자가 잡은 다른 테마 역시 지원자 본인의 입을 통해 '단어'로 전달되는 순간 그 힘을 잃고 부정적인 결과만을 가져온다.

이렇게 되는 이유는 말하는 사람에 대해 판단하는 것은 화자가 아니고 청자이기 때문이다. 내가 원하는 것을 청자가 느끼게 하고, 그것을 청자가 자기 입으로 표현할 수 있게 한다면 최고의 스토리텔링이 된다. 따라서 화자는 명시적으로 '자신감 있다', '열정적이다', '분석력 있다'고 말하는 것이 아니라 여러 사례와 경험을 전달해 '자신감', '열정' 등의 이미지를 상대에게 전달하고, 상대가 '자신감 넘치는 분이군요', '열정이 좋네요, 부럽습니다'와 같은 말을 하게 해야 하는 것이다.

흔히 하는 말로 스토리텔링은 캐릭터 만들기라고 한다. TV 예능에서 '유느님'이니 '허당 이승기'니 하는 캐릭터들은 그들이 입 밖으로 자신을 가리켜 그렇게 불렀기 때문이 아니다. 오히려 남들이 그 사람을 그렇게 불러주었기 때문에 캐릭터로 자리 잡은 것이다. 최고의 스토리텔링은 상대방의 입에서 나에 대한 긍정적 평가가 나오게 만드는 것이다.

자신에 대해 긍정적인 표현이건 부정적인 표현이건 그걸 단어로 뱉어내는 것은 친한 사람과의 술자리에서는 몰라도 업무 상황에서 사용하는 것은 금기에 가깝다. 나보다 권력이 더 많은 윗사람과 이야기할 때는 더더욱 그렇다(당신의 교수님께 '저는 자신감이 넘치는 학생입니다'라고 말하지는 않는 것과 같다). 그리고 대부분 이렇게 직설적으로 말하는 것은 어린아이들의 말처럼 유치하게 들린다. 그러니 판단의 몫은 청자에게 넘겨주고, 자신은 그 테마에 맞는 이야기들을 준비하자.

면접에서 사용하는 스토리의 구조는 보통 'STAR'가 가장 적절하다고 한다. 상황Situation, 업무Task, 행동Action, 결과Result의 약어로, 일이 있었던 상황, 그 상황에서 내가 맡았던 혹은 내가 목표했던 일, 그 일을 실행하기 위해 내가 했던 노력과 난관 극복 과정, 그리고 그 결과물이 이야기 구조다. 이 중에서 앞의 두 개, 즉 이야기의 배경이 되는 상황이나 맡은 업무, 목표 등은 최대한 간략히 언급하는 게 좋고, 행동을 조금 자세히, 특히 자신이 직접 수행했던 일을 중심으로 설명하고, 마지막으로 그 결과를 전달하는 게 좋다. 대략 1:2:5:2 정도의 비율인 셈이다.

전체적으로 STAR로 대답할 때는 이야기의 길이가 2분 정도가 최적의 시간이라고 한다. 이보다 길어지면 자기 자랑 또는 장황한 설명처럼 느껴지기 쉽다. 2분이 짧다고 생각하는 사람도 있겠지만 면접관으로서 면접을 치러보면 이 이상 한 답변에 집중하는 것은 상당히 힘든 일이다. 그리고 약간 짧은 느낌의 정리된 답변이 나와야 세부적인 것에 대해 궁금증이 들면서 추가로 질문을 하고 싶은 생각이 든다. 면접이 딱딱한 질의응답이 아닌 진짜 대화가 되어갈 수 있는 것이다.

결론적으로 말해 스토리텔링은 맥락을 만드는 것이 중요하고, 그 맥락의 기본은 내가 정한 테마, 내가 원하는 캐릭터이다. 그 테마는 내 입에서 직설적인 표현으로 나가서는 안 되고 상대가 이를 눈치 챌 수 있게 이야기되어야 한다. 이야기는 STAR의 구조를 갖고, 한 번의 답변이 최대 2분을 넘지 않도록 조절한다.

- MBA는 학생들에게 입학 초기부터 인터뷰 연습을 계속해서 시킨다. 학생이 원하면 매일 할 수도 있다. 그 때 중심이 되는 것이 테마 설정, 프레이밍, 그리고 STAR 중심의 스토리텔링이다. 2년 내내 연습하다 보면 완전히 몸에 스며들어 체화된다. 나중에 깨달은 것은 이 기술들이 단순히 취업 면접만을 위한 것이 아니라는 것이다. 이 형태의 커뮤니케이션 능력은 업무의 모든 상황마다 필요하다. 커리어 발전의 핵심 능력 하나가 은연 중에

체화된 셈이다. 경력이 있는 MBA들도 2년 내내 고생해야 체화되는 것이기 때문에 학부생 수준에서 너무 잘하려고 스트레스 받거나 단기간에 습득하려고 맘 고생할 필요는 없고, 취업 준비를 하는 과정에서 이것들을 잊어버리지 않고 적용해보려고 노력하는 것으로 충분하다.

Case 14 노력과 성취 사이의 관계 : S곡선 & 1만 시간의 법칙

앞에서 계속 열심히 하면 된다, 잘할 수 있다고 이야기했으니 이제 슬슬 그렇게 해도 되지 않을 수 있다는 말을 해야 할 순서인 것 같다. 어쩌면 힘이 빠질 수 있는, 그렇지만 다르게 생각하면 마음의 위안을 가질 수 있는 소리를 좀 해보자. 바로 여러분의 노력과 실제적인 성취 사이의 관계다.

첫 번째로 이야기할 것은 S곡선이다. 요즘 여기저기서 몸매 이야기 하느라 S라인이라고 하면 그저 선정적인 이야기라고 생각하겠지만, 여기서 말하는 것은 교육학과 경영학에서 사용되는 '투입량-산출량 관계 곡선'을 말한다. 좀 더 자세히 살펴보자.

기계 설비는 보통 100을 투입하면 100을 생산하고 200을 투입하면 200이 나오는, 투입량과 산출량 사이에 선형적이고 비례적인 관계를 갖는다. 1분에 10개의 컴퓨터를 만드는 기계가 있는데 20개를 생산하고 싶다면 설비 캐파capa를 2배로 늘리면 되는 것이다. 그런데 사람은 기계가

아니어서 2배로 늘리고 싶다고 늘릴 수가 없다. 가령 10kg을 겨우 들어 올리는 사람에게 근육을 추가로 붙여주고 그 즉시 20kg을 들어 올리라고 할 수는 없는 것이다(요즘같이 기계공학이 발전한 시대엔 외골격 같은 걸 개발해서 2배로 키울 수는 있겠지만 여기서 하는 이야기가 이런 썰렁한 스토리가 아님은 충분히 짐작할 수 있을 것으로 생각한다). 인간의 능력 개발은 분명 선형적이지 않다. 또한 점진적이지도 않다.

이를 쉽게 체험해볼 수 있는 것은 운동이다. 내 몸에 부하가 거의 걸리지 않는 수준에서 운동을 할 경우 10일이 지나건 20일이 지나건 크게 개선되는 면이 보이지 않는다. 하루 20분 정도 천천히 걸어 다닌다고 해서

한 달 뒤에 내 몸이 육상선수처럼 되지 않는다는 것이다. 몸에 압박이 오고 부하가 상당히 걸리는 수준에서 운동을 할 경우 처음 1~2주간은 대단히 괴롭지만 이것 역시 일정 시간이 지나면 몸에 큰 변화를 가져오지 못한다.

하지만 운동 초기에 느끼는 몸의 부하를 계속해서 유지할 수준으로 운동 강도를 지속적으로 늘려가다 보면 어느 순간 갑자기 자기 몸에 어떤 변화가 생겼음을 깨닫게 된다. 가령 10kg으로 런지lunge를 시작해 다음 주에는 12kg, 그 다음 주에는 15kg 식으로 계속해서 몸에 부하를 일정 수준 이상으로 유지하다 보면 3달 정도가 지난 후 70~80kg도 어렵지 않게 들어 올릴 수 있게 된다. 이렇듯 부하를 꾸준히 유지할 때 갑자기 산출량이 커지는 것을 보고 S곡선이라고 부른다(S곡선이라는 용어 대신 학습곡선이라고 부르기도 한다).

철학자인 헤겔은 '양질전화量質轉化'라는 말을 했었다. 양적인 축적이 질적인 변화를 가져온다는 말이다. 물에 열을 가하면 일정 열량이 쌓일 때까지는 액체 상태를 유지하지만 일정 수준을 넘어서는 순간부터 물은 폭발적으로 기체로 변화한다. 열량의 양적 축적이 물의 질적인 변화를 이끌어낸 셈이다. 이 양질전화의 법칙을 인간의 자기개발에 결합한 이론이 S곡선이다. 현재까지 연구된 결과에 따르면 인간의 운동 능력, 학습 능력, 역량 개발, 자신감 같은 심리적 능력 등은 모두 철저하게 S곡선을 따라 발전한다.

S곡선은 축적 시기, 변곡점, 폭발적 가속기, 그리고 정체기로 구분되는데, S곡선이 평범한 대중에게 위안을 주는 것은 축적기에서 변곡점까지

의 어려움이다. S곡선은 쉽게 생각하면 아주 높게 설치된 뛰어넘기 장애물이다. 장애물에 매달렸다가 떨어진 사람이나 그저 장애물 앞에서 빈둥거리는 사람이나 결과의 측면에서는 동일하다. 다이어트 하겠다고 하루 굶은 사람이나 4일 굶은 사람이나 빠진 살은 몇 백 그램 차이 안 나고, 먹으면 요요 현상 생기는 것은 같다는 말이다. 이 말을 달리 생각하면, 웬만큼 노력해서는 남과 차별점을 갖는다는 것이 쉽지 않다는 뜻이기도 하다.

이 책의 주제인 면접 능력과 회사에서의 업무 능력 역시 마찬가지다. 어설프게 노력해봐야 '시도해봤다'라는 자기 만족 이외에 얻을 수 있는 것이 거의 없다. 변곡점까지 가는 길은 멀고 괴롭다. 물의 기화처럼 변곡점까지 걸릴 투입량, 즉 노력과 시간 투입의 양을 계산할 수 있다면 그나마 나은데, 내가 얻고자 하는 역량이 커뮤니케이션 능력 같은 추상적인 것이라고 하면 어느 정도 해야 변곡점에 도달하고, 어느 수준이 되어야 만족스러운 정체기에 도달할지 도저히 알 수 없다. 때문에 우리는 능력 부족에 대해 자기 노력이 부족했다는 솔직한 고백 대신에 그저 '상황이 힘들어져서', '노력했지만 재능이 부족해서'와 같은 말을 하고 지낸다. 그리고 대부분의 주변 사람들 역시 웬만큼만 노력하기 때문에 나와 비슷한 수준에 머물러 있다. 참으로 감사할 일이다.

그렇지만 누군가는 그 고난의 길을 넘어 변곡점을 통과해 폭발적인 성장을 보여준다. 그리고 이 책을 읽는 여러분들 가운데 일부도 변곡점을 넘어 폭발적 가속력으로 역량의 성장을 보여줄 것이다. 이때까지 노력하려는 생각이 있는 사람에게는 다음의 조언이 추가로 필요하다. "그래! 열심히, 죽도록 한 번 해보겠다. 그런데 언제까지 해야 하는 거야?"

이에 대한 대답이 '1만 시간의 법칙'이다 말콤 글래드웰Malcolm Gladwell이 2008년에 쓴 〈아웃라이어〉라는 책에서 언급한, 천재와 범인을 나누는 운명적인 변곡점이 바로 1만 시간이다. 책의 요지는 천재라고 불리는 사람들이 재능이 탁월하기보다는 남들보다 훨씬 많이 노력했고, 자기 분야에서 전문가로 대접받는 사람들은 그 노력을 최소한 1만 시간 이상 했다는 의미라고 한다.

대학생들에게 이제부터 무언가를 1만 시간 한 후에 취업하라는 뜻은 절대로 아니다. 실제로 4~5년의 기간 동안 무려 1만 시간을 특정한 일에 투입하는 건 가능하지도 않다. 다만 이를 통해 전달하고 싶은 메시지는 여러분이 생각하는 수준보다는 훨씬 더 많은 노력을 해야지만 남과 차별적인 무언가를 가질 수 있다는 것이다.

취업 준비생을 만날 때 가장 안타까운 것이 스무 살을 넘긴 지 한참 되었는데도 '솔직히 뭘 하고 싶은지 잘 모르겠어요'라는 말을 들을 때다. 이런 말을 들으면 필자는 꼭 되묻는다. "좋아하는 일 말고, 대학 동안에 정말 열심히 해본 일 있어요?"라고. 제대로 대답하는 사람은 없다. 왜냐하면 정말 무언가를 미친 듯 열심히 하다 보면 자기가 하고 싶은 일이 무엇인지 알 수 있게 되기 때문이다. 졸업할 나이가 되어서도 좋아하는 일이 뭔지 모르겠다면 그 뜻은 대학 동안 정말 열심히 해본 일이 없다는 말과 동의어이다.

1만 시간은 무리겠지만 웬만큼 관심을 끄는 일이 생기면 하다못해 100시간만이라도 투자해보자(100시간이면 하루 1시간씩 무려 100일간 하는 것이다. 이것도 쉽지 않다). 이 정도만 투자해도 나름 의미 있는 작은

S곡선을 경험해볼 수 있고, 자기 역량의 폭발적 성장이 어떤 의미겠구나 하고 어렴풋하게 예측할 수 있다. 한 번의 작은 성취는 그 다음의 도전을 즐겁게 만들어준다. 무엇이든 처음이 어렵지 그 다음부터는 보다 쉽고 빠르게 진행할 수 있다.

학습에 대해 하나 더 생각해보자. S곡선이 하나의 주제에 대한 습득의 속도를 의미한다면, 전혀 접해보지 않은 혹은 세부적인 내용을 알지 못하는 내용이라도 빠르게 배워서 마치 전문가인듯 일을 처리하는 능력인 '학습능력'이 있다. 아무리 대학 때까지 열심히 이것저것 익히고 경험했어도 세상 모든 분야를 알고 입사할 수는 없다는 점에서 업무 성과를 내는데 반드시 필요한 역량이 학습능력이다. 가끔 대학생 중에서 특정 분야에 집중적으로 인턴 경험이나 취업 준비를 하지 않았고, 그 때문에 자기소개서 쓰기가 어렵다고 하는 사람들이 있는데 이럴 때 여러 분야에 관심을 갖고 있고, 각 분야별로 남들보다 빠르게 배웠다고 하는 학습능력을 강조하는 것도 좋은 방안이 된다. 수재급 인력이 모인다는 전략 컨설팅에서 전혀 경험해보지 않은 산업의 고객 임원진과 전략적 의사결정을 위한 대화를 나누는데 필요한 지식을 컨설턴트가 배우는 기간을 보통 2주 정도로 잡는다. 즉, 반도체 산업에 대한 경험만 있는 컨설턴트가 금융업체 임원과 금융업의 방향에 대해 논의하는데 필요한 지식 학습이 2주면 이루어진다는 것이다. 전문가만큼 잘하는 것도 좋은 능력이지만, 남들보다 빠르게 학습할 수 있는 것도 대단한 능력이다.

● 정말 미친 듯이 하고 싶은 일을 찾아낸 사람은 행복한 사람이겠지

만 굉장히 소수다. 필자 역시 회사생활 15년을 넘게 하면서도 아직 찾지 못했다. 대신 보통 사람들을 위한 차선책이 존재한다. 적당히 관심 생기는 일에 시험 삼아 한 번 미친 듯이 매달려 보는 것이다. 마치 그 일을 내가 정말 잘하고, 좋아했던 일인 것처럼 해보는 것이다. 3년 정도 이렇게 매달리면 신기한 일이 생긴다. 정말 그 일이 미친 듯이 좋아지는 것이다!(인간은 심리적으로 자신의 시간과 에너지를 많이 투자한 대상에 대해서 강력한 선호를 갖게 된다. 투자한 것이 아까워 자기 합리화를 하는 것일 수도 있지만). 더불어 이렇게 억지로 생겨난 선호라고 해도 애초부터 가지고 있던 선호보다 결코 약하지 않다. 안 믿어지면 주변에서 나름의 성취를 보이는 사람에게 가서 물어보자. 처음부터 그 일이 좋았는지, 아니면 하다 보니 좋아지게 되었는지 말이다. 만약 3년을 미친 듯이 매달렸는데도 여전히 좋아하는 마음이 들지 않고 의무감이나 마지못해 하는 느낌이 계속 든다면 그 일은 자신에게 도저히 맞지 않는 일이다. 그 때쯤 되어서 이직을 하거나 업무를 바꾸는 것은 충분히 말이 된다.

한 번 어떤 일에 몰입해본 사람은 다른 일에도 남보다 훨씬 빠르게 몰입할 수 있다. 한 운동을 선수급으로 해본 사람이 다른 운동도 금방 수준급으로 해내고, 한 과목에서 전교 1~2등을 다투는 학생이 새로운 과목에서도 비슷한 수준을 유지하는 것과 동일한 방식이다. 일에 몰입할 수 있는 것은 굉장한 능력이다. 3년간 고생한 후 그게 나와 맞지 않은 걸 깨달았으니 시간 낭비했다고 생각할 수도 있겠지만, 한 번 몰입해서 일해 봤던 사람은 다른 업무에 가서도 손쉽게 몰입할 수 있고, 처음부터 그 일이 좋아서 선택했던 사람만큼의 성과를 만들어낼 수도 있다. 학습능력은 이런 과정에서 발달한다.

라) 구조화 능력과 두괄식 커뮤니케이션

구조화 능력에 대해서는 앞서 MECE 부분에서 설명을 했으니 건너가기로 하자. 다만 한 가지 짚고 갈 부분은 구조화 능력이 '전략 컨설팅' 업계에서 사용하는 업무 방법론이 된 이유다. 치열하고 몸값 높은 컨설팅 산업에서 저 방법을 중요시 하는 이유는 그 방법이 가장 효과적으로 자신들의 시장 가치를 높이는 방법이기 때문이다. 역량 하나하나에 금전적 가치를 부여하는 것은 천박하기 이를 데 없는 짓이지만, 현실적인 보상 문제도 생각해봐야 하기에 하는 말이다. 이 책을 통틀어 언급되는 모든 기술적인 요소 중 단위 가격이 가장 높은 기술이 구조화일 것이다. 꼭 연습해 보길 바란다.

이제 두괄식에 대해 이야기해보자. 왜 구조화와 두괄식이라는 이질적인 주제들을 하나의 부분으로 묶었는지 의아해 하는 사람도 있을 것 같다. 이유는 둘이 동전의 앞뒷면이기 때문이다.

구조화는 문제를 적절한 크기로 논리를 갖고 나누거나, 반대로 흩어진 정보를 논리와 상식으로 합쳐 하나의 결론을 만드는 기술이다. 그리고 두괄식은 결론부터 이야기하고 세부적 이야기를 풀어가는 기술이다.

잘 알고 있는 내용에 대한 질문이라면 쉽게 두괄식으로 대답할 수 있지만, 익숙지 않은 내용에 대한 질문은 두괄식으로 대답하기 어렵다. 이것이 가능하려면 평소에 새로운 것을 보거나 알게 되었을 때 그와 관련된 여러 소주제들을 논리적으로 나눠보거나 합치는 훈련, 즉 구조화 훈련이 되어 있어야 가능한 것이다. 또 평소 발표나 토론 등 순간순간 상황을 파악하고 분석하는 경험이 많이 쌓여야 가능한 일이다. 이 모든 경험들은 업무에서 절대적으로 필요한 능력이기에 면접 때 두괄식 답변을 하는 것이 좋은 평가를 받는 지름길이다.

동양권에서는 전반적으로 미괄식의 설명을 선호하고, 언어 구조 역시 그렇게 되어 있다고 한다. 반면 서구의 언어 습관은 두괄식에 좀 더 초점이 맞춰져 있다. 이 두 기술 사이에 우열은 존재하지 않는다. 다만 상황에 따라 좀 더 적절한 방법은 있을 수 있고, 자본주의가 서구에서 시작되었기 때문에 두괄식이 자본주의의 기업 상황에서는 더 적절하다는 것이다. 나중에 회사, 특히 외국계 회사를 가보면 알겠지만 상사로부터 "그래서 요점이 뭐지요?"라는 이야기를 수도 없이 듣게 될 것이다. 주니어 때는 상관없지만 차·부장급 이상이 되어서도 이런 말을 듣는다면 임원은 다른 사람을 위한 자리가 된다.

미괄식은 우리가 지금껏 충분히 훈련했으니, 면접 준비부터는 두괄식을 훈련하도록 하자(상황부터 설명하는 STAR와 두괄식 표현이 모순된다고 생각하는 사람도 있을 것 같아 좀 더 이야기하자면 STAR는 말 그대로 상황과 내가 취한 액션을 설명하는 것이다. 반면 두괄식 표현은 답변의 앞에 결론을 미리 이야기하는 것이다. 결론이 꼭 STAR에서 Result인 것은 아니다. 가령 "뭔가 크게 이뤄본 적이 있나요?"라는 질문에 대해 "'네, 제

245

가 가장 성취감을 느꼈던 경험은 여러 학교의 자원 봉사 동아리를 모아서 서울시, 서대문구와 함께 연희동 일대의 골목을 되살리는 '즐거운 골목' 프로젝트를 진행하고, 마을 공동체 복원에 일조한 일입니다. (결론 전달)…" 이후 STAR로 요약 같은 식으로 답을 하면 둘의 조화가 충분히 된다).

7. 여기는 한국이다. 예의, 지키는 척은 할 것

능력이 있고 정신적으로 심각한 문제는 없다 하더라도 조직생활에서 실패할 확률은 여전히 낮지 않다. 소위 말하는 예절이나 아주 간단한 센스가 떨어지는 경우도 원인 중 하나다. 자기 자신에게 이런 문제가 있다는 걸 인식하는 것 자체가 어려워서 다른 문제들보다도 더 고치기 어려울 수도 있다.

얼마 전 한 취업 포탈에서 면접관 경험이 있는 직장인을 대상으로 진행한 설문조사 결과를 보면 자세나 말투가 불량할 경우 반드시 탈락시킨다는 비율이 56%로 나와 '반드시 탈락시키는 요인' 1위를 차지했다. 즉 자세나 말투 같은 작고 사소한 예절과 태도가 당락에 결정적인 영향을 미친다는 것이다.

그런데 문제는 이것이다. 나의 예절이나 자세, 말투에 도대체 어떤 문제가 있으며, 어떻게 바꿔야 하는지 도무지 답을 알 수 없다는 것이다. 어떻게 해야 할까?

기본적인 태도나 특성은 개인의 개성이기 때문에 평소에는 문제가 되지 않는다. 그렇지만 면접처럼 짧은 시간 내에 사람을 판단해야 하는 자리에서는 아주 사소한 것 하나가 큰 문제처럼 부각될 수밖에 없다. 이를 해결하는 가장 현실적인 방법은 모의 면접 연습을 하고, 이 모습을 비디오로 찍어서 주변 사람들에게 보여주고 평가를 받는 것이다. 취업 준비 모임에서 서로 잘못된 점 10개 지적하기 같은 것을 해도 좋고, 회사에 다니는 선배 등에게 녹화 화면을 잠깐 보여주고 의견을 듣는 것도 도움이 된다. 다만 이런 태도 등의 이슈는 문제점을 인식하더라도 이를 고쳐서 체화하는데 오랜 시간이 소요되므로 가능하다면 2~3학년 때 시도해보기를 권장한다.

아래의 팁은 필자가 직장생활을 하면서 반복적으로 듣거나, 어떤 경우에도 도움이 될 수 있는 예절과 태도에 대한 것들이다. 모든 걸 포괄할 수는 없겠지만 기본 중의 기본이라는 점에서 꼭 마음속에 새기고 체화시킬 수 있으면 한다.

🕐 Tip 4 면접을 위한 기본적인 예절과 태도

1) 납기는 직장인의 생명이다. 시간은 무조건 지켜라!

시간이라고 하면 그저 미팅 약속시간 같은 것만 떠올리는 사람들이 있는데 언제까지 자료를 보내주겠다든지, 답신을 해주겠다든지, 어떤 내용을 어디까지 준비하겠다든지 등도 모두 납기다. 일단 자신이 내뱉은 말은 무조건 지켜라. 지킬 자신이 없으면 아예 약속을 거절하든지, 약속하는 순간 늦어질 가능성이 있음을 미리 알리거나, 최소한 납기에 여유가 있을 때 지연에 대한 양해를 구해야 한다. 아무런 사전 연락 없이 약속 시간이 거의 다

되어 갑자기 늦어진다거나, 준비하지 못했다고 말하는 사람을 보면 절대로 두 번 다시 같이 일하기 싫어진다. '최종 시간 직전 통보last minute notice'는 언제나 인간관계와 신뢰성을 망치는 최악의 방법이다.

물론 취업 준비생의 첫 번째 납기는 면접장 도착시간이다(필자가 첫 회사를 그만두고 다른 회사로 옮기기 위해 이직 면접을 보는 날, 서울에 10년여 만에 대폭설이 내렸다. 언덕 꼭대기에 살던 나는 언덕을 내려오던 도중 미끄러져 결국 옷을 갈아입어야 했고, 총알택시를 타고 막히는 도로를 뚫고 도착해보니 채 5분도 남지 않았다. 면접장은 16층이었는데 엘리베이터는 도무지 내려올 기미를 보이지 않았다. 급한 마음에 면접장까지 계단으로 뛰어 올라갔고, 도착했을 땐 30초도 남지 않았었다. 벌겋게 상기된 얼굴에 온몸이 땀으로 범벅이 된 채 헉헉거리면서 겨우 면접장에 들어갔고, 내 모습에 깜짝 놀란 면접관들이, 물을 마시면서 10분간 쉬라고 배려해줘서 숨을 돌릴 수 있었다. 나는 지금도 그 회사에 내가 취업할 수 있었던 가장 큰 이유가 헉헉거리며 땀을 비 오듯 흘리면서도 시간을 맞추려던 모습 때문이었다고 믿는다).

2) 괜히 아는 체 하지 말고 모르면 모른다고 해라

뭔가를 모른다고 하는 건 창피하다. 그렇지만 아는 척 했다가 모르는 게 밝혀지면 아예 수습이 불가능하다. 이것 역시 개인의 신뢰성에 심각한 타격을 가져오는데, 이런 실수를 의외로 면접에서 많이 한다. 자기소개서에 적어 놓은 내용을 기억 못하는 경우도 이에 해당되지만(자기가 경험한 일이 아니라 어디에선가 베껴 왔다는 뜻으로 해석된다), 특히 지원하는 회사에 대한 부분에서 많이 보인다. 왜 우리 회사를 지원했느냐는 질문에 다른 회사 사업 내용과 헷갈려서 이야기를 하거나, 없는 해외 지사가 있다고 말하는 경우 등이다.

필자가 들었던 이야기 중에는 LG 전자에 지원하는 한 여성 지원자가 LG 야구팀처럼 승승장구하는 회사를 만들겠다는 포부를 밝혔다가 탈락한 경우가 있었다. LG의 야구팀 'LG 트윈스'는 지난 10년간 포스트시즌에 진출한 적이 없었으니까(2013년에 LG는 드디어 4강에 들어 가을 야구를 하게 되었다) .
면접을 하다 보면 처음 들어보는 내용에 대해 질문을 받게 되는 경우도 있고, 기억이 가물가물하지만 도저히 생각나지 않는 내용에 대해 질문을 받기도 한다. 질문을 받게 되면 10여초 정도는 열심히 생각해봐야 하지만 그정도 시간 내에도 생각나지 않으면 그냥 모르는 것이라 생각하고 솔직하게 '답변을 드릴 수 있으면 좋겠지만 솔직히 제가 모르는 내용입니다'라고 말하는 게 정답이다. 아주 기본적인 것, 가령 지원한 회사의 주요 사업 등에 대해 이렇게 답하면 탈락이겠지만 이런 것이 아니라면 그 경우에는 어디까지 아는지를 테스트할 목적이거나 모르는 것에 부딪혔을 때 거짓말하지 않고 솔직하게 말하는지를 보려는 목적의 질문이지, 답을 꼭 얻어내려고 하는 질문이 아니다. '정직이 최선이다'는 면접장에서 언제나 정답이다(솔직히 말한다는 의미가 모두 까발린다는 뜻은 아니다. 있는 사실 100%를 말하라는 뜻이 아니라 '잘 보이려고 오버하지 말라'는 뜻이다).

3) 사람 눈을 보고 이야기하자

질문한 내용에 대해 골똘히 생각하느라 잠시 다른 곳을 쳐다볼 수는 있겠지만 가능한 한 사람 얼굴을 쳐다보면서 이야기하자. 너무 뚫어져라 쳐다보면 상대방에게 불편함을 줄 수도 있고, 눈싸움하는 것 아니니 인상 찌푸려가면서 쳐다볼 필요는 없겠지만, 말하면서 지속적으로 상대방의 눈을 쳐다봐주는 것은 기본적인 예의다. 특히 면접관의 이야기가 길어질 경우 눈을 쳐다보면서 약간씩 머리를 끄덕여주는 것은 내가 많은 이야기를 하지 않더라도 나의 마음이 전달되어 상대방에게 호감을 준다. 누가 면접장까지 가서 눈 안 보고 이야기하겠어 싶겠지만 10명 중 7명은 면접관 얼굴 안 쳐다보고, 면접관이 무슨 이야기를 해도 얼굴이나 태도에서는 아무런 반응이 없다. 그저 대답만 하려는 기계처럼 행동한다.

4) 묻는 말에 답을 하자

묻는 말에 답하는 게 예의 관련 항목인지 역량 관련 항목일지는 좀 불분명하지만 대화에서 가장 기본이 되는 것 중 하나가 상대방이 관심 있어 하는 항목에 대해 말해주는 것이다. 면접관으로 참석해보면 지원자들이 묻는 말에 대답하지 않는 경우가 정말 많다. 설마 하겠지만 정말 많다. 아마도 긴장한 탓에 처음에는 묻는 말에 대한 대답을 하다가 어느 순간 이야기가 다른 곳으로 가고, 답해야 할 질문을 잊어버리기 때문이라고 생각되는데, 한 지원자가 2~3차례 이런 모습을 보이면 탈락시켜야겠다는 생각 이전에 '이런 집중력 없는 지원자가 있나' 싶어 화가 난다(실제 묻는 말이 뭔지 모르겠거나 이해가 안 되면 아는 척 하지 말고 면접관에게 '다시 한 번 말씀해주시겠니까' 또는 '제가 잘 이해가 되지 않습니다만 조금 풀어서 말씀해 주실 수 있을까요' 하면 된다. 이런 요청한다고 면접관이 잡아먹지 않는다).

이를 극복하는 가장 좋은 방법은 두괄식 & 수미상관 전달 훈련이다. 일단 묻는 말에 대해 간략하게 답하고, 그리고 배경이나 자세한 설명을 하는 것이다. 그리고 마지막 말은 처음 했던 대답을 반복한다. 가령 'A에 대해 어떻게 생각하지요?'라는 질문에는 '네, 제 생각에 A는 ~한 것 같습니다. 왜냐하면 …이기 때문입니다. 다시 말씀 드리자면 A는 ~한 것 같습니다'라고 답하는 셈이다. 계속 이야기하지만 두괄식은 익숙지 않으면 대단히 어렵다. 평소에 많이 연습을 해둬야 한다.

5) 긴장되는 건 알겠다. 그런데 좀 웃어라, 당신 스스로를 위해서

대기업 공채 시즌에는 면접관들이 하루 최소 십수 명을 면접한다. 처음에야 상태가 좋지만 중반이 넘어가면 힘들고 지친다. 그런 상태에서 바싹 긴장해서 완전히 '각'잡힌 얼굴로 딱딱한 말을 하는 지원자가 들어오면 그 친구의 말은 전혀 귀에 안 들어온다. 웃자! 취업 면접이 어렵고 피곤하겠지만 사회에 대해 배우는 기회이고, 나를 소개하는 멋진 자리이기도 하며, 잘 되면 취업도 할 수 있는 좋은 기회가 면접이다. 더불어 끝나면 정장 입고 시원하게 맥주 한 잔 할 만큼의 교통비도 나온다. 작지만 즐거운 일이니 면접관을 만나는 동안에라도 좀 웃자. 면접 점수 최소 10점은 올라간다. 토익 점수 10점 올리기보다 백만 배 쉽고, 효과도 강력하다.

6) 별로 인상적이지 않은데 웬만하면 퍼포먼스는 지양하자

통상적으로 면접 처음에 자기 소개를 간략하게 할 시간이 있거나 마지막에 하고 싶은 말을 하는 시간이 있다. 예전에는 그런 일이 별로 없었는데, 최근 취업 상황이 아주 안 좋아지고 기업들이 미디어에 '창의적 인재'를 떠벌려서인지 좀 황당한 퍼포먼스를 준비해오는 지원자들이 있다. 양복주머니에 30cm 자를 가지고 와서 엑스칼리버처럼 꺼낸 다음에 자신은 자 같이 정확하고 신뢰할 만한 사람이라고 주장하는 경우도 있었고, 갑자기 일어나 가곡을 부르거나 비슷하지도 않은 모창을 하는 사람도 있었다. 생각해내느라 머리를 쥐어짰을 걸 생각해서 웬만하면 그냥 웃어넘기지만 솔직히 말해 보기 불편한 경우가 많다. 사람에 따라 다르지만 나 같은 경우에 이런 퍼포먼스를 하는 사람을 보면 '우리 회사를 얼마나 부실하게 봤으면 저런 퍼포먼스로 사람을 뽑을 거라고 생각했지'라는 부정적인 생각이 먼저 든다. 지원자는 퍼포먼스를 통해 슈퍼스타K를 떠올리는지 모르겠지만, 면접자 입장에서는 전국노래자랑에 일부러 촌스럽게 나오는 출연자로 보인다.

면접은 내가 가진 전부를 보여주는 것도 아니고, 내가 얼마나 멋있고 잘났는지를 보여주는 것도 아니다. '당신네 회사에 내가 왜 적절한 사람인지, 그곳에 가서 내가 어떤 일을 하고 싶은지, 그리고 어떻게 회사의 성과와 성장에 기여할 것인지'가 중요한 것일 뿐 그 외의 것은 모두 부수적인 것이다. 본질적인 면에서 능력과 경쟁력이 있다면 표준적인 방법으로도 얼마든지 드러내는 것이 가능하고, 웬만한 대기업이라면 이런 지원자를 가려낼 수 있다.

어려운 승부일수록 기본기에서 승패가 갈린다. 자꾸 이상한 '끼 발산' 같은 것에 시간을 투입하려는 생각은 그만하고 실력으로 승부를 보려고 하자. 그게 취업 후에도 장기적으로 커리어에 도움이 된다. 그저 짧고 굵게 몇 마디의 말로 자기 소개를 해도 자신감과 실력이 있으면 어떤 퍼포먼스보다 설득력 있다. 정석대로 하자.

7) 보수적 복장이 항상 유리하다. 그리고 반말하지 말라

면접 때 어떤 옷을 입고 가야 하느냐고 물어보는 경우가 많은데, 최신 유행하는 디자인 말고 그냥 표준적인 정장을 입자. 모집 요강에 명확하게 자율복이라고 표시되어 있지 않는 한 언제나 타이까지 갖춘 정장이 답이다. 색은 감색이 제일 무난하고, 흰 셔츠에 파란 넥타이가 가장 정답에 가깝다. 다만 아버지나 삼촌 것 말고 돈이 조금 부담스럽겠지만 자기 몸에 맞는 양복 한 벌은 미리 사서 입고 오자. 기왕 입은 정장인데 옷이 안 맞으면 신뢰성이 떨어져 보인다.

IT 분야 회사 등에서 자율복이라고 표시하는 경우에는 깔끔하게 다려진 면바지에 깃 있는 피케 셔츠나 캐주얼 셔츠가 제일 좋다. 계절에 상관없이 재킷은 반드시 지참하길 권장한다. 개인적으로는 블레이저가 가장 표준으로 생각된다.

옷이나 외모는 면접에서 부수적인 부분이기 때문에 이걸로 점수를 따기보다는 부정적인 평가를 받지 않는 전략이 위험도가 적다. 여성들의 경우도 마찬가지인데, 다만 의자에 앉는 것을 감안해서 짧은 치마는 절대적으로 피해야 한다. 면접하는데 반복해서 치마 내리고 있는 모습도 불편해 보이고, 괜히 면접관을 치한 취급하는 것 같아 기분이 안 좋아진다.

그리고 요즘 외둥이로 자란 사람이 많아서인지 분명 존댓말인데 반말이 섞여 나오는 경우가 종종 있다. 연장자와 이야기할 때 반말을 섞어 이야기하는 건 친할 땐 상관없지만 낯선 경우엔 무례하게 보이기 십상이다. 비속어

나 약어도 조심하자. 자기소개서에 ^^ 니 ㅋㅋ 같은 이모티콘이나 인터넷 약어를 쓰는 경우 99% 탈락이고, 면접 때 '넘사벽' 같은 말을 던져도 탈락 확률만 높인다. 옷이나 말투 모두 적당히 보수적인 것이 정답이다.

8) 정치적인 주제 등 민감한 사항은 열린 자세로

이건 예의와 상관없는 문제지만 역량과도 상관없는 문제여서 여기서 언급한다. 면접을 하다 보면 면접관이 의도적으로 굉장히 민감한 정치적인 주제를 물어볼 때가 있다. 또는 토론 면접에 논쟁적인 주제가 나오기도 한다. 자칫하다가 흥분하면 면접관하고 열 내면서 싸우기도 하는 주제인데, 이런 질문이 나오면 어떻게 해야 할까?

자신의 소신과 큰 연관이 없는 주제라면 한 발 물러나서 관조적인 태도를 취하는 것이 나을 것 같다. 이런 질문은 대부분 어떤 극단적인 입장이 없는지에 대한 확인과 함께 대화 도중 민감한 상황이 생겼을 때 어떻게 대처하는지를 보기 위한 것이지 '사상이 불순한 사람을 걸러내는' 것이 목적이 아니기 때문이다. 특히 민감한 주제들이 지역감정 관련 사항, 정치적 입장, 그리고 노조 등을 포함한 노동운동에 대한 견해 같은 것들이다. 노동운동에 대해서는 '법으로 규정되어 있는 만큼 그에 맞는 보호는 필요할 것이고, 노동자들 역시 의무는 지키되 권리를 행사할 필요가 있는 경우 행사하는 것이 맞다' 정도가 부드럽게 빠져나갈 수 있는 답이 된다.

그런데 가끔 자신의 소신과 크게 어긋나는 답을 해야 하는 경우가 있을 수 있다. 가령 동성 간의 결혼 주제인데, 면접관이 풍기는 분위기는 절대 반대이고 그렇지만 나는 개인의 선택이라고 생각한다면 어떻게 해야 할까? 내 생각에는 당당하게 의견을 밝히되, 다른 의견을 가진 사람도 있을 수 있음을 인정하는 열린 태도가 좋을 것 같다. 가령 '동성 결혼에 대해 저는 개인의 선택 사항이라고 생각합니다. 다만 종교나 전통 등의 이유로 이에 대해 불편해 하는 분들도 있을 것입니다. 여러 의견이 존중되는 민주주의 사회

이니 너무 부정적인 충돌만 아니라면 의견이 갈리고 논쟁이 있는 것은 건
강한 사회라는 증후가 아닐까 싶습니다' 정도. 그리고 어떤 대답을 하든 감
정을 섞거나 표현이 과격해지는 것은 피하자. 취업 면접의 본질적 요소가
전혀 아니고, 앞서 언급한 것처럼 이런 질문의 목적은 답을 확인하고자 하
는 것이 아닌 '어려운 상황에 대한 대처 능력'을 보는 것이기 때문이다.

7
당신도 **대기업**을 뽑지 마라

   취업지원자들이 어떻게 생각하건 현재의 우리나라 경제는 그 많은 지원자들에게 모두 좋은 일자리를 줄 수 있는 구조가 아니다. 갈수록 경쟁이 심해져 왔기에 어느덧 대기업에 취업하는 것 자체가 꿈이라고 말하는 사람들까지 나오고, 대기업은 골라먹기를 하고 있다.

   그러나 그 치열한 경쟁을 뚫고 들어온 직장 역시 꿈과는 심각하게 거리가 있는 곳이다. 일체유심조一切唯心造(모든 일은 마음먹기에 달려 있다는 뜻)라고 외치면서 모두 '네가 마음먹기에 따라서 얼마든지 좋은 결과를 얻을 수 있다'고 여러 사람들이 주장하고 있지만 월급쟁이, 특히 대기업 월급쟁이 중에서 만족할 만한 결과를 얻는 사람은 고작해야 100명 중 한두 명이다. 수십 수백 명을 물리치고 겨우 좋은 대학교 들어가서, 다시 수십 수백 명을 물리치고 취업을 했더니 다시 수십 수백 명을 물리쳐야 노후에 손자들 용돈 겨우 집어줄 수 있는 경제력을 갖출 수 있는 사회.

이 암담한 현실을 타개하기 위한 필자의 솔직한 조언은 어떻게든 해외에 나가서 돌아오지 말라는 것이다. 아주 멋있는 해외 취업은 어려울지 몰라도 조금만 적극적이면 대기업에 입사하지 못할 스펙으로도 해외에서 사회생활을 시작해볼 수 있다. 개인이 얼마나 알아보고 노력하느냐의 문제일 뿐 기회 자체가 없는 것은 분명 아니다. 나이가 한 살이라도 어릴 때 미련 없이 떠나라. 나라에 대한 걱정 따위는 안 해도 된다. 젊은이들이 부족해지면 다른 나라에서 이민자 받으면 된다.

하지만 도저히 나갈 수 없는 사정인 사람이 훨씬 많다. 그래서 두 번째 조언은 해외에 나갈 수 없다면 창업하라는 것이다. '씹고 뜯고 맛보는' 업종은 늙은 사람들에게 남겨두고, 젊은이들답게 기술, 특히 IT와 연계된 부분에서 도전해보는 것이다. 물론 우리나라는 청년 창업을 지원하는 인프라 따위는 전혀 구비하고 있지 않기 때문에 망하면 훗날은 없다. 다만 크게 말아먹지만 않는다면 월급쟁이로 살아가는 삶보다는 만족의 가능성이 더 높다. 실제 기대 수익은 비슷할 것이지만 말이다.

이도 저도 아닐 때 남은 선택지가 월급쟁이다. 남의 돈을 받아야 살 수 있는 사람이기 때문에 월급쟁이에게는 요구되는 조건이 아주 많다. 앞에서 수십 페이지에 걸쳐 설명한 내용들은 취업을 잘 하기 위해서 필요한 것일 뿐이며, 취업 후 성공하기 위해서는 다시 수없이 많은 추가적 역량을 쌓아야 한다.

그러나 한 문장으로 축약할 수 없는 진리는 진리가 아니라고 했다. 위의 수많은 조언을 줄여보자면 결국 월급쟁이의 삶을 성공으로 이끄는 것은 '조직에 몰입하되 매몰되지 않는 자기 주도성과 이를 뒷받침하는 커뮤니케이션 능력'이다.

월급쟁이의 삶은 도처에 지뢰밭이다. 때론 내가 터트린 것도 아니지만 그 조직에 속해 있다는 단 하나의 이유만으로 인생 전체가 흔들리기도 한다. 이런 백척간두의 위기가 왔을 때 생존을 유지해주고 기왕이면 좀 더 좋은 상황에서 살아갈 수 있도록 해주는 것이 자기 주도성과 커뮤니케이션 능력이다. 이 두 능력을 충분히 내재화했을 때 여러분은 선택받아야만 하는 상황이 아닌, 대기업을 선택하지 않을 수 있는 입장이 될 수 있다.

말은 쉽지만 추운 겨울은 힘들다. 특히 취업을 준비해야 하는 입장은 얼마나 이어질지 끝이 보이지 않는 겨울의 시작이다. 힘들고, 힘들고, 힘든 길이다. 그 끝을 알 수 없다는 것이 가장 힘든, 바로 그 길이다. 이 길에 첫걸음을 시작해야 하는 젊은이들에게 격언 두 문장을 소개하는 것으로 이 책을 마친다. 행운을 빈다.

"모호함을 견디는 것이 힘이다."

"노력하는 것은 내가 할 일이고, 결과는 내 일이 아니다."

당당하게 취업할 권리

지은이 | 김동연
펴낸이 | 박영발
펴낸곳 | W미디어
등록 | 제2005-000030호
1쇄 발행 | 2014년 9월 29일
주소 | 서울 양천구 목동서로 77 현대월드타워 1905호
전화 | 02-6678-0708
e-메일 | wmedia@naver.com

ISBN 978-89-91761-75-9   03320

값 13,000원